人工智媒传播丛书

AI 定制

人工智能客服与消费者的定制化互动机制

AI Customization

Customized Interaction Mechanisms
between Chatbot and Consumers

周琪 ■ 著

復旦大學出版社

前　言

　　随着科学技术的发展，人工智能作为新兴的重要媒介被广泛地运用至各大领域。其中，人工智能客服——基于人工智能技术的客户服务解决方案，旨在通过自动化和智能化的方式改善客户的服务体验——不断地被引入服务环节，并逐步取代人类劳动力。定制化服务是人工智能提供的主要服务之一。定制化服务作为企业区别于对手的核心竞争力，企业期望通过定制化服务的各个环节来提升顾客的满意度。然而，学术界对于人工智能在服务环节对消费者满意度提升的探讨众说纷纭，尚无明确的答案。鉴于此，本书的焦点主要集中在人工智能在线客服提供定制化服务的情景，试图从定制化服务的生命周期视角探讨人工智能客服对消费者定制化参与意愿、预期质量感知和结果满意度的影响，以及其内在机制和边界条件。

　　本书各章节的主要内容安排如下。

　　第1章着重介绍人工智能和人工智能客服的历史和现状。这一章从人工智能的定义出发，回顾人工智能技术的实际应用和效果，深入研究人工智能客服的发展历程，探讨其在管理领域的价值以及背后的核心逻辑。

　　第2章着重从人机交互的角度展开。首先，介绍人工智能技术的核心特征，介绍其在人机交互领域的应用。其次，深入探讨人际互动和人机交互之间的本质差异,讨论人机交互在消费者心理认知和态度方面潜在的影响效果和机制。最后,细述人工智能在定制化服务全过程中的应用,例如,人工智能如何融入定制化服务的各个环节。

第3章着眼于消费者对人工智能客服与人类客服之间的本质认知差异。运用二手数据分析和实验研究的方法,系统地探讨消费者对人工智能在线客服和人类客服的认知,揭示其相似之处以及差异之处。此外,将进一步对消费者在认知能力和情感能力方面进行细致的研究,为后续的实证研究提供坚实的理论和实践依据。

第4章到第6章分别从定制化服务的生命周期的不同阶段(前期、中期、后期)深入研究人工智能客服的影响和互动机制。旨在为人工智能客服的定制化生命周期全流程提供深刻的理论洞察和实证研究。

具体来说,第4章基于自我呈现理论提出,在定制化早期阶段,人工智能在线客服比人类在线客服更能提高消费者定制化参与意愿,这一效应受到消费者的公众自我意识和敏感信息披露的调节影响,只有当消费者是高公众自我意识的个体和高敏感信息披露时,人工智能客服带来的自我呈现顾虑降低会显著地提升消费者定制化参与意愿。第5章依托多元资源理论提出,在定制化中期阶段,人工智能在线客服比人类在线客服会降低消费者定制化过程中对预期质量的感知,这一负面效应受到沟通策略的调节作用,多项选择沟通策略能显著降低人工智能在线客服带来的自我关注,从而提高用户共情以及对预期质量的感知。第6章基于解释水平理论提出,在定制化后期阶段,在线客服(人工智能vs.人类)

与定制化产品呈现形式（基于属性 vs. 基于替代）的匹配有助于提高消费者对定制化结果的满意度，并且该匹配效应在消费者对独特性追求低时更加显著。

第7章对本书中涵盖的定制化服务生命周期的实证研究进行详细总结。在前述研究的基础上，这一章突出人工智能客服在不同阶段的定制化服务中所起到的关键作用，并提出未来人工智能客服在定制化领域的潜在方向。

第8章为人工智能客服未来的研究提出五点展望，包括人工智能客服的新应用和潜在影响、人工智能体验的全流程设计、协作型人工智能客服、民主化人工智能客服以及人工智能客服带来的伦理和隐私问题。

总之，随着人工智能技术的迅速发展和应用领域的多元化，未来研究将继续深化对人工智能客服的理解，并关注其在不断扩大的应用领域中的影响和挑战。这些研究将为更好地支持人工智能在社会生活中的应用与发展提供有益的知识和指导。

目 录

1 人工智能的技术革命：人工智能客服 1
    1.1 人工智能演化发展 3
    1.2 人工智能客服的研究脉络与价值 7
    1.3 人工智能客服的逻辑意义 13

2 人工智能与人机交互 19
    2.1 人工智能的定义及特点 21
    2.2 人工智能的类人化及研究 26
    2.3 由人际互动到人机互动 43
    2.4 人工智能融入定制化 49
    2.5 人工智能定制化研究的框架 56

3 消费者对人工智能客服与人类客服的认知差异 59
    3.1 认知探索流程 62
    3.2 人工智能客服与人类客服的认知差异 63
    3.3 小结 65

4 定制化早期人工智能对消费者参与意愿的影响效果 67

4.1 定制化早期的自我呈现顾虑 71
4.2 参与意愿与自我呈现顾虑的中介效应探索 80
4.3 公众自我意识的边界效应分析 82
4.4 敏感信息披露的边界效应分析 84
4.5 小结 87

5 定制化中期人工智能客服对消费者预期沟通质量的影响 91

5.1 定制化中期的自我关注与同理心 95
5.2 预期沟通质量与自我关注和同理心的中介效应探索 103
5.3 沟通策略的边界效应分析 106
5.4 小结 109

6 定制化后期人工智能对消费者结果满意度的影响 113

6.1 定制化后期的信息处理 117
6.2 定制化结果的满意度 126
6.3 信息处理流畅度的中介效应探索 129
6.4 消费者独特性追求的边界效应分析 132
6.5 小结 136

7 研究总结与策略探究 141

7.1 AI定制化全流程的重新审视 144
7.2 定制化与人机互动的理论联结 148

7.3　AI定制化全流程策略的全面规划..........................151

　　7.4　AI定制化的战略性再思考..........................154

8　人工智能客服的未来展望..........................**159**

　　8.1　人工智能客服的新应用和潜在影响..........................161

　　8.2　人工智能客服体验全流程设计..........................164

　　8.3　协作型人工智能客服..........................166

　　8.4　民主化人工智能客服..........................169

　　8.5　人工智能客服的伦理和隐私..........................172

参考文献..........................177

后　记..........................217

1

人工智能的技术革命：

人工智能客服

1.1 人工智能演化发展

随着移动互联网、科学技术的发展和创新，人工智能（artificial intelligence, AI）不断迭代更新，并且逐渐融入消费者的日常生活中。在人们的日常生活中，人工智能以不同的形式出现。在电子商务领域，淘宝和亚马逊利用人工智能来提供智能推荐，根据用户的购买历史和浏览习惯，推荐他们可能感兴趣的产品，如淘宝的智能推荐——"猜你喜欢"；与此同时，人工智能客服为用户提供24小时在线的帮助来解答问题等[①]（O'Brien, 2019; Luo et al., 2019）。在智能家居领域，智能音箱（如亚马逊的Alexa和小米的小爱音箱等）让用户可以使用自然语言控制家中的各种设备，并回答用户的基本问题，如天气、新闻资讯等。在餐饮领域，人工智能扮演着各种角色，如送餐、做菜等。海底捞引入无人餐厅，顾客可以通过自

[①] 案例来源于Daisuke Harashima, "Service Robots Lend a Hand at China's Banks and Railway Stations," (February 6, 2019) Nikkei Asia, https://asia.nikkei.com/Business/China-tech/Service-robots-lend-a-hand-at-China-s-banks-and-railway-stations2, retrieved at May 20, 2024。

助点餐系统点菜，然后由人工智能厨师和服务员备菜和送餐。在酒店领域，一些酒店引入无人酒店，酒店的接待、办理入住以及物品送达全部由人工智能完成。这些案例只是人工智能在各个领域应用中的冰山一角，人工智能的持续发展将继续为我们的生活带来更多的便利和创新。

人工智能是指通过计算机科学构建智能机器，以执行需要人类智能的任务（Luo et al., 2019; Longoni & Cian, 2020）。由于人工智能的独特优势，包括计算机科学带来的高效数据收集、建模和分析能力（Luo et al., 2019），智能机器自身无需休息，没有情绪波动等（Lobera et al., 2020），使得人工智能可以随时随地响应人类的需求。随着科技的不断发展，人工智能在满足人类需求的同时，也在不断地完善与人交互的方式和行为（Stenzel et al., 2012; Lu et al., 2020）。例如，完善人工智能外观设计，使人工智能的外形更加类人化（Van et al., 2019）；增加人工智能与消费者的交互方式，使人工智能与消费者的交互方式更加便利、类人（Baldwin et al., 2015）；提高人工智能的使用感，包括使用的有用性、易用性（Wirtz & Zeithaml, 2018）。正是因为人工智能的这些优势，商家期望能引入人工智能来为消费者提供更好的服务，并且正逐渐用人工智能来取代部分现有的人工劳动力（Manyika et al., 2017; Stock & Merkle, 2018）。因而，人工智能的发展和运用为整个市场带来了巨大的经济变化和劳动力变革（徐作浩，2021）。根据ClickZ 2018年发布的报告，在线人工智能客服的市场规模将从2017年的2.5亿美元增长到2024年预计超过13.4亿美元（Pise, 2018）。Chui（2017）预测，到2055年，一半以上的工作活动将被人工智能取代，实现自动化。

人工智能最大的特点之一是通过计算机的算法为人们高效地

提供定制化服务（Kumar et al., 2019; Boudet et al., 2019）。根据美国国家科学技术委员会（National Science and Technology Council, 2019）的报告，由于人工智能背后的强大算法，大多数的定制化服务都可以由人工智能完成。相比于人类，人工智能能够更快速、精准地将用户归类，并且为他们提供定制化服务，如定制化推荐、定制化广告、定制化设计、定制化产品，以及为消费者提供定制化的选项等。人工智能通过其算法的强大计算能力，使定制化服务变得更加容易，为用户提供更满意和个性化的体验。这些个性化服务已经成为商业和消费者领域的一项重要趋势，对于提高用户满意度和推动市场增长发挥了关键作用。

尽管如此，消费者对待人工智能的态度因人而异。部分消费者认为人工智能为他们减少了搜索的时间（Shah et al., 2019），但也有消费者认为人工智能侵犯了他们的隐私（Lobera et al., 2020）。据MarketWatch于2017年的调查，只有55%的美国消费者表示他们使用过人工智能，其中，42%的人表示不信任人工智能（Dujmovic, 2017）。同样，在随机采访美国消费者时，只有41%的人支持人工智能的进一步发展，22%的人反对人工智能的进一步发展（Musib et al., 2017）。同样的矛盾除了在日常消费中出现，在企业运营中也可以看到，企业也需要决定是否购买和使用人工智能。37%的美国企业表示他们已经以某种形式实施了人工智能，20%的美国企业表示不信任人工智能。[①] 就连人工智能专家对于人工智能

[①] 数据来源于Gil Press, "4 Observations From Recent Surveys About The State-Of-Artificial Intelligence (AI)," (February 28, 2019), Forbes, https://www.forbes.com/sites/gilpress/2019/02/28/4-observations-from-recent-surveys-about-the-state-of-artificial-intelligence-ai/?sh=5bdf345f4e7a, retrieved at May 20, 2024。

的态度也存在分歧，63%的美国人工智能专家预测到2030年人工智能会让人们生活得更好，37%的美国人工智能专家预计到那时人工智能会让我们生活得更糟。[①]根据Pegasystems 2017年的调查，只有27%的中国消费者确信人工智能能提供和人类一样的甚至更好的消费服务，有38%的中国消费者认为人工智能无法与人类的服务相媲美。[②]由此可见，各国消费者对待人工智能的态度趋向一致。

目前对于人工智能的研究普遍集中在人工智能对消费者使用意愿的影响，并且影响效果根据人工智能的特点和人工智能的使用情景而有所不同（李丹丹，2021）。人工智能的类人化程度，如类人的外在形象（Van et al., 2019）、性格特征（感知温暖、感知能力）（Van et al., 2017）、交往方式（感知人性、感知社会互动性、感知社会存在感）（Wirtz & Zeithaml, 2018）在一定程度上会带来消费者的积极态度，然而，当类人程度达到某个阶段时，人们会对这种有自主思考、感知的类人人工智能产生不安和恐惧感（Mende et al., 2019; Appel et al., 2020）。人工智能的使用情景同样会引发消费者不同的态度，消费者对于人工智能的积极态度主要是当人工智能运用在依靠理性分析、算法逻辑和效率的情景中。例如，面对社会交往类任务和服务失败时（Hertz & Wiese, 2019; Merkle, 2019），消费者对人工智能的态度更为积极；当人工智能运用在强调消费

[①] 数据来源于Kevin Kelleher, "37% of Tech Experts Worry Artificial Intelligence Will Make Humanity Worse by 2030," (December 15, 2018), Fortune, https://fortune.com/2018/12/14/artificial-intelligence-impact-ai-research-survey-experts/, retrieved at May 20, 2024。

[②] 数据来源于Pegasystems, *What Consumers Really Think about AI: A Global Study*, 2017。

者身份的情景下，如在面对医疗服务、电话销售人工智能时，消费者会因为人工智能缺乏对个体独特对待的灵活性以及同理心而对人工智能产生负面的态度，从而减少购买意愿（Luo et al., 2019; Longoni et al., 2019）。目前的研究普遍认为，由于人工智能是基于数据和程序对消费者进行判断归类，所以会忽视个体的独特性。

1.2 人工智能客服的研究脉络与价值

1.2.1 人工智能客服研究的历史脉络

人工智能客服领域的发展源远流长，涵盖了计算机系统的多个方面。早期的研究自20世纪六七十年代以来一直集中在文本和语音对话用户界面的研发上，旨在支持用户完成特定任务；还有一些研究集中在物理社交机器人和虚拟代理人的对话互动方面。此外，长期以来一直有研究计划致力于开发开放领域的小型闲聊计算机系统，这些系统旨在进行社交闲聊任务，使用人工智能标记语言等技术。随着时间的推移，会话式计算机系统在多个商业应用中得到了广泛的发展，作为内嵌于计算机系统用于协助企业与用户对话的一种AI系统，包括自动化的客户服务、销售和支持解决方案，包括交互式语音应答系统用于电话自助服务。然而，在2011年Siri成为苹果操作系统的一部分，亚马逊自2014年以来推广Alexa，以及2016年Facebook、微软和谷歌等公司的对话式转变之后，人工智能客服的研究领域才逐渐崭露头角（Følstad et al., 2021）。

Piccolo等人在研究（2018）中指出，人工智能客服研究是在业界大规模采用会话式计算机系统之后才逐渐崭露头角的，这一领域的发展不是由学术界主导的，而是由业界实际应用推动的。因此，这一新兴研究领域的价值不仅在于深入理解会话式计算系统的新兴应用、用途和影响，还在于为其技术基础和设计与开发方法的不断改进提供契机。人工智能客服研究领域之所以如此重要，是因为它涵盖了多个学科领域，如计算机科学、人机交互、心理学和商业。为了改进计算机系统的会话式用户界面这个共同目标，这些学科积极合作。这一领域不断吸引着跨学科的研究兴趣，以应对人工智能客服应用领域的不断扩展和演化。与历史渊源的领域相比，人工智能客服研究领域的跨学科覆盖面更广泛，其范围更为广泛，因此具有更大的潜力。通过不断改进技术和方法，人工智能客服研究有望更好地满足不断增长的需求，提供更强大、智能和个性化的会话式计算机系统，从而改善用户体验、提高效率，并拓展至不同的行业和领域。这一新兴研究领域将不断发展，并为未来的创新和发展提供更多的机会。

正如McTear（2021）所强调的，各种研究领域（包括对话系统、具身对话代理和社交机器人）都共同致力于一个核心目标，那就是开发和不断改进计算机系统的会话式用户界面。这个目标旨在为用户提供更智能、更自然、更有效的互动体验，同时促进人机交互的进步。尽管各个研究领域都追求相似的目标，但它们仍然使用不同术语来定义人工智能客服。特别是在会话式计算机系统广泛应用于工业和媒体领域之后，这些系统逐渐统一地被称为人工智能客服，不仅在工业界和媒体界如此，学术界也是如此。

根据这一研究领域的界定，我们可以将人工智能客服理解为通过日常语言进行互动，并提供信息访问和服务的会话代理。这一广泛的定义包括多种应用场景，从目标导向任务完成、信息获取，到娱乐和社交闲聊，而且可以支持文本、语音或两者模态共有的互动。这一综合的定义不仅涵盖了客服机器人的多样化用途，还强调了这一领域在技术和服务发展中的多元性（Følstad & Brandtzaeg, 2020; Hobert & Meyer, 2019）。一些学者（如Ashktorab et al., 2019）将人工智能客服术语用于指代主要以文本为基础的会话代理，这类代理通常用于完成目标导向任务，如提供信息或执行特定的操作。这种区分有助于更精确地描述不同类型的会话代理。然而，由于技术的不断演进和应用的不断拓展，这一区分也逐渐变得模糊，因为现代的人工智能客服系统通常既可以用于目标导向任务，又可以进行社交互动。在这种多功能性的环境下，人工智能客服术语的使用范围越来越广泛，反映了这一领域的丰富多彩和多元化。这种多元性有助于促进不同研究领域之间的跨界合作，从而更好地理解和推动会话式计算机系统的进步。通过深入研究文本、语音、社交互动和目标导向任务等多个方面，人工智能客服研究将继续推动这一领域的创新，满足用户需求，提高技术性能，并探索更广泛的商业和社会影响。这一发展趋势将继续推动人工智能客服研究，为未来的技术进步和应用提供更多的可能性。

1.2.2　人工智能客服的管理价值

现如今，以计算机为媒介的交流（computer-mediated communication, CMC）已经逐渐崭露头角，成为企业与客户之间沟通的一种至关重要的方式。人工智能客服在CMC中被广泛地应用，旨在提高服务效率和用户体验质量（Huang & Rust, 2018; Sundar, 2020）。在人工智能和自然语言处理的强力支持下，人工智能客服能够提供即时、自动和个性化的交流，可以模拟人类客服迅速地响应和处理用户请求，并实现一对一的交流。目前，人工智能客服已经在多个领域广泛应用，包括客户服务、健康领域、教育和办公工作（Dale, 2016; Maar et al., 2023; Silva et al., 2023）。这种广泛的应用驱动了更加人性化的对话体验，为全球人工智能客服市场的未来发展创造了巨大的机会（Dive, 2020）。

从管理的角度来看，人工智能客服无疑在成本效益和时间效率方面具备明显的优势。尽管如此，大多数用户仍然更愿意与人类客服互动，而不是与人工智能客服交流（Huang & Rust, 2018; Prentice & Nguyen, 2021）。更具体地说，用户对于使用人工智能客服并与之交流的意愿相对较低（Ashfaq et al., 2020），相较于人工智能客服，有高达86%的用户更倾向于人类客服（Forbes, 2019）。即便未公开的数据显示人工智能客服相对更有效，用户在与公开的人工智能客服互动时也会将购买率降低超过79.7%（Luo et al., 2019）。在CMC的背景下，一旦用户形成了这样的认知，他们会认为人工智能客服无法提供高质量的交流，从而减少对人工智能客服的使用（Prentice & Nguyen, 2021）。这进一步导致用户对人工智能客服的偏好和忠诚度下降，同时也增加了投诉和不满的情况（Komunda & Osarenkhoe, 2012）。尽管人工智能客服在提高效率方面有所突破，但提供高质量、个性化和令用户满意的交流仍然是一个挑战。因此，如何克服用户对人工智能客服的偏见，提升其在CMC中的形象，仍然是企业和研究者需要面对的重要问题。

1.2.3　人工智能客服定制化

企业为消费者提供定制化的形式较多，一种方式是通过类似淘宝的"猜你喜欢"或新闻应用中的"推荐"等功能，这一类的定制化消费者是被动参与的。定制化的全过程都是由人工智能根据消费者过去的浏览习惯通过大数据分析、直接预测，这一过程极易引起消费者的隐私担忧，从而引起消费者对定制化和企业的负面态度（Lobera et al., 2020）。另一种方式是像"流利说英语"App为用户提供主动选择的定制化学习方案，用户可以选择是否需要人工智能定制化课程，如果选择人工智能定制化课程，用户将参与5分钟的英语水平测试，人工智能根据水平测试结果为用户定制对应的课程，并且在定制课程的过程中也与用户沟通用户的课程需求（如图1-1所示）。这种主动参与的定制化过程可能需要用户更多的投入，但也使他们能够更好地满足自己的需求和偏好。此类例子还有耐克（Nike）公司，其引入增强现实（augmented reality, AR）技术和Grabit Stackit机器人，允许消费者自主定制鞋子，消费者可以根据自己的需求和喜好选择鞋子的颜色、材质以及款式，从而获得一双完全符合他们需求的鞋子。这种定制化过程需要用户的主动参与和努力，但也使得他们可以获得独一无二的产品。在这个过程中，用户与企业的互动环节更多，他们的每一个选择都会对最终产品产生影响。

从企业的角度来看，这两种定制化方式对于影响消费者的态度和行为都有重要意义。在被动的定制化方式中，企业需要更加谨慎地处理用户数据，以保护他们的隐私，并建立信任关系；在主动选择的定制化中，企业需要确保定制化服务的质量，以满足

图1-1 人工智能提供的定制化示例

（资料来源：流利说英语App的首页）

用户的需求，提高满意度。由于消费者主动选择的定制化与企业互动的环节更多，企业的每一环节的策略都会与消费者互动，并对消费者的态度和行为产生影响，因而本书着重于第二类的定制化，深入探讨消费者与企业定制化的交互过程。根据消费者定制化研究，本书将消费者的定制化历程分为定制化早、中、后三个阶段。早期阶段是企业为消费者提供定制化服务，消费者考虑是否愿意参与使用该定制化服务（Ford & Heaton, 2001）。中期阶段是消费者在参与定制化的过程中，消费者与企业的交互过程是否令消费者满意（Bardakci & Whitelock, 2004）。后期阶段是消费者对企业定制化结果的满意度（Valenzuela et al., 2009）。在企业为消费者提供定制化的整个阶段，定制化服务的提供者对消费者的态度和行为是否有影响也成为企业关注的问题。人工智能是否适合为消费者提供定制化服务，以及如何提高人工智能的定制化服务满意度成为企业亟待解决的重要问题。这也是本书所要解决的关键现实问题。

1.3 人工智能客服的逻辑意义

从理论角度来看，消费者在与人工智能进行交互和在与人类互动时的行为存在显著差异。一般而言，人工智能和人类在认知和情感维度上都存在明显的差异（如表1-1所示）。人工智能对于消费者而言更像是一个"工具"，是由人类设计和编程的服务工具，它们的行为不是由自身的自主目标或意图驱动（Russell & Norvig, 2016; Ward et al., 2013）。人工智能不具备主观性和自主性，也不能处理与提供的服务任务无关的其他自主任务或高级任务（Kim & Duhachek, 2020）。因此，人工智能主要用于执行人类水平下的非情感性任务和分类任务（Grove et al., 2000; Castelo et al., 2019）。相比之下，人类拥有自主的主观思考和情感，能够自主地执行更高级的任务。当人们与人工智能互动时，他们的行为会表现出明显的不同。与人机互动相比，人们在人际互动中更加开放、友善、外向、认真，并更愿意分享个人信息（Mou & Xu, 2017）。Andreasson（2018）的研究证明，相较于男性，女性更愿意向人工智能表达情感和积极进行互动。Kim和Duhachek（2020）的研究发现，消费者在面对人工智能时倾向于启动较低级别的认知解释，因此更注重细节和具体问题；而在与人类服务员互动时，会启发较高级别的认知解释，从而更关注宏观和综合性问题（如表1-1所示）。

表1-1 人工智能 vs. 人类在认知和情感能力上的区别

认知能力		情感能力	
人工智能	人类	人工智能	人类
记忆	记忆	情绪回应（低级）	情绪回应
理性分析	理性分析		人际温暖
认知成熟度	认知成熟度		认知开放性
交流	交流		个性
	道德观		深度
	公民德行		多维情绪反应
	优化		
	成熟完善		
	思想		
	自控力		

综上所述，消费者在与人工智能和人类互动时表现出截然不同的行为和态度，这种差异反映了人工智能的工具性质和其有限的认知能力。理解这些差异，对于有效地整合人工智能技术并满足消费者需求至关重要，特别是在涉及高度情感和个性化需求的领域。

正是人工智能与人类的不同，使得人工智能作为在线客服时会带给消费者不同的感受，从而影响消费者的消费体验。当作为在线电话推销服务人员时，人工智能会让消费者感知较低的同理心和专业能力，从而降低消费者的购买意愿（Luo et al., 2019）；当作为线下销售服务人员时，人工智能带来的怪异感会促进消费者进行补偿性消费，如增加身份相关的消费（Mende et al., 2019）；当作为线下医疗诊断服务人员时，人工智能会让消费者感知自身独特性的降低，从而不愿意参与人工智能的诊断（Mende et al., 2019）；当作为在线推荐服务人员时，人工智能的智能分析能力让消费者更加信服由人工智能推荐的实用性价值高的产品（Longoni & Cian, 2020）；当作为在线客服时，消费者更愿意在面临服务补救的时候去寻求人工智能的帮助（Jörling et al., 2019）；当作为产品宣传服务人员时，人工智能采用含有低解释水平信息的广告宣传更能让消费者信服（Kim & Duhachek, 2020）。这也让企业的人工智能服务投放时十分困扰，既不确定在何种情境可以引入人工智能服务，也不知道人工智能该如何与消费者沟通更有效。

近期关于人工智能客服的研究进一步探讨了在不同情境下影响用户态度的因素，其中的两个主要因素是技术相关属性和任务相关属性（如Chung et al., 2020; McLean et al., 2021; Van den Broeck et al., 2019; Zarouali et al., 2018）。这些因素对于影响用户的满意度、后续使用意向、品牌态度和参与度起着关键作用。技术相关属性包括用户对人工智能客服的感知有用性和易用性，这些因素可以影响用户对服务的感知、愉悦度和互动体验，最终影响用户对品牌的态度和互动（McLean et al., 2021; Schanke et al., 2021; Zarouali et al., 2018）。任务相关属性包括人工智能客服承担的具体任务类型和质量，如交互、定制和问题解决功能，这将直接塑造用户在与人工智能客服进行交流时的整体体验（Chung et al., 2020）。

AI定制：人工智能客服与消费者的定制化互动机制

因此，综合考虑这些因素，企业可以更好地理解如何在不同情境下最大化人工智能客服的效益，以满足消费者的需求，提高用户满意度，提升品牌形象。

定制化服务与传统服务的不同在于定制化更强调消费者的个性和独特性，而不是简单地与消费者沟通（Kwon et al., 2017）。与此同时，人工智能最大的优势之一在于利用其强大的数据分析能力为消费者高效精准地提供定制化，如何有效地利用这一优势来规避可能的风险，以更好地提供定制化服务，是本书的关注点之一。本书认为，现有对于人工智能的研究还处于萌芽阶段，目前，关于人工智能和人类在提供服务时存在本质区别并没有全面的研究，并且缺乏现实支撑。

本书的核心任务是在人工智能已有研究的基础之上，进一步识别人工智能和人类作为在线客服对于消费者的本质差异，并以消费者参与定制化全流程为研究视角，发掘出人工智能在定制化服务中的影响和相对策略，以帮助企业更好地识别人工智能的应用场景和实用策略。企业在定制化服务上的投入日趋增加，消费者参与定制化的意愿以及对定制化的满意度都成为企业衡量定制化服务效果的重要因素。在定制化过程的不同阶段，影响消费者态度和行为的影响因素和策略都存在不同（Arora et al., 2008）。基于此，本书首先探讨人工智能与人类在线客服的本质差异，进而探究出不同定制化阶段消费者对于人工智能（vs. 人类）在线客服的态度，以及作用机制和边界条件。这些研究的结论将为企业的人工智能应用和策略提供理论支撑和工具支撑。本书在接下来的部分以相关理论和文献为基础，运用二手数据和实验法进一步证实提出的研究假设，对以下问题进行回答：

（1）消费者对于人工智能和人类在线客服在认知上的本质差异有哪些？

（2）在定制化早期阶段，人工智能客服（vs.人类客服）如何影响消费者的参与意愿？其互动机制如何？

（3）在定制化中期阶段，人工智能客服（vs.人类客服）如何影响消费者过程满意度？其互动机制如何？

（4）在定制化后期阶段，人工智能客服（vs.人类客服）如何影响消费者结果满意度？其互动机制如何？

2

人工智能与人机交互

2.1 人工智能的定义及特点

人工智能在各个服务领域的应用日益广泛，包括家庭生活、医疗保健、零售业、金融等领域。然而，学者们对于人工智能的定义仍然没有达成一致共识（Stone et al., 2022）。不同的研究者提出了各种不同的定义，尝试捕捉人工智能的多样性。有学者将人工智能定义为"展示出智能特征的程序、算法、系统和机器"（Shankar, 2018），强调其表现出智能的方面；也有学者将人工智能描述为"展示出模仿人类智能行为的各个方面"（Huang & Rust, 2018），强调其模仿人类智能行为的能力；还有学者将人工智能定义为涉及模仿"智能人类行为"的技术（Syam & Sharma, 2018）。

从技术复杂性的角度来看，人工智能可以被分为狭义人工智能和广义人工智能两种不同的视角。狭义人工智能指的是那些能够执行特定任务的人工智能系统，如下棋、诊断疾病、产品推荐、自动驾驶等（Russell & Norvig, 2016）。这类人工智能系统专注于执行单一任务，其技术复杂性较低。广义人工智能则是一种假设性技术，其目标是具备像人类一样的智力，具备执行和学习多种任务的灵活性和能力。广义人工智能目前尚未实现，其发展仍然面临诸多挑战。在2016年对人工智能研究人员的一项调查中，有关广义人工智能的预测存在差异，其中，有人预计到2050年有50%的概率实现广义人工智能；到2075年，实现广义人工智能的概率则达到90%（Müller & Bostrom, 2016）。

目前，对于狭义人工智能的分类各有不同，学者们分别从人工智能的外形和形态、服务特点、智能水平等多个维度进行分类（Broadbent, 2017）。

2.1.1　根据人工智能外形和形态的分类

根据人工智能的外形和形态，可以将人工智能分为两种主要类别。一种是无实体形态的人工智能，这些人工智能嵌入机器或系统内部，不以物理实体的形式存在。例如，苹果手机的"Siri"、淘宝的"猜你喜欢"都是无实体形态的人工智能，它们以软件的形式提供智能服务，而没有具体的机械体现。另一种是实体形态的人工智能，这类人工智能嵌入机器内部，但具有物理外观和形态。根据机器的外在形态，这种人工智能可以进一步分为三种子类别：类人机器人（human-like robots），类宠物机器人（pet-like robots），机器外形机器人（machine-like robots）（Broadbent, 2017）（如图2-1所示）。这些不同类型的人工智能在各自的领域中发挥着重要作用，提供了各种智能化的服务，以满足用户的需求。无论是在餐饮、零售、医疗、金融还是其他领域，人工智能的应用正在不断地改变和丰富着我们的日常生活。

2　人工智能与人机交互

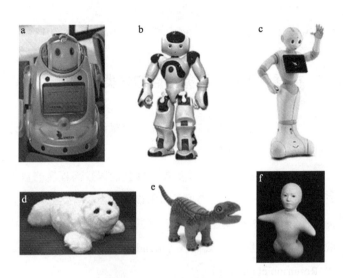

图2-1　各类人工智能外形示意图

（资料来源：Broadbent, 2017）

类人机器人指的是在外观和行为上都高度拟人化的机器人（如图2-1中的b和c）。它们的外观和行为尽量模仿人类，它们通常具有人类的外形特征（如人形机器人），以及一定程度上的人类行为特征（如表情、手势等）。这种形态的人工智能旨在与人类更加自然地互动和通信。类宠物机器人则是指外形如宠物的机器人，如Paro（外形像海豹）、Pleo（外形像恐龙）（如图2-1中的d和e）。它们可以采用宠物的外观特征（如猫、狗或其他动物），并在互动中表现出类似宠物的特征（如陪伴、亲近和提供情感支持）。这类机器人通常旨在提供陪伴和情感满足。类机器外形机器人则是指外形同机器一样，这类机器人的外观和行为更加机械化，更类似传统的机器和机械设备。它们通常用于执行特定的任务，如生产线上的机械臂、清洁机器人等。这种形态的人工智能着重于功能性和任务执行,而不是模仿生物体的特征(Broadbent, 2017)。

2.1.2 根据人工智能服务特点的分类

人工智能为人们提供的服务范围十分宽泛,目前可将其分为服务机器人、人工智能客服、推荐机器人。

服务机器人往往具有实体形态,并且能以较高程度的自主性完成定制化任务。其提供的服务如餐饮业的点餐、结账和外卖服务、零售行业的销售和迎宾服务、旅游行业的智能管家、医疗健康的手术以及康复辅助机器人(Mende et al., 2019; Jörling et al., 2019; Robinson et al., 2013)。

人工智能客服通过语音、命令或者文本聊天来模拟人类对话与人类进行沟通。此类机器人往往没有实体形态,如电话销售中的机器人,机器人客服和内嵌式机器人(如Siri)(Luo et al., 2019)。

推荐机器人根据用户的历史习惯以及现有情况进行后台数据建模分析,为用户提供建议。此类机器人也没有实体形态,通常运用在医疗诊断、金融投资以及各种消费推荐(如淘宝的"猜你喜欢")(Longoni et al., 2019; Hertz & Wiese, 2019)。

2.1.3 根据人工智能智能水平的分类

Huang和Rust(2018)将服务型人工智能分为四个智能等级,智能水平由低到高依次分为机械智能、分析智能、直观智能和同理心智能。其中,机械智能代表着最基本的智能水平。在这个等级,人工智能系统能够机械化、重复地执行给定的、规范的任务。这通常涉及预定的流程和程序,没有解决复杂的问题或学习能力。机械智能的应用包括执行重复性的生产任务和基本数据输入。分析智能表示人工智能系统能够解决问题,并具备在信息处理过程中学习的能力。这一级别的人工智能通常利用机器学习和数据分析来提取有用的信息,作出预测和决策。它可以应对更复杂的任务,如数据挖掘、模式识别和推荐系统。直观智能代表了更高级别的智能水平。在这个层次上,人工智能系统展现出创造性思维的能力,可以自主有效地调整和适应,尤其是在新的环境下。这包括具有一定程度的自主性,以应对不断变化的条件和情境。直观智能的应用领域包括自主导航、自适应控制系统和创造性生成。同理心智能代表了最高级别的人工智能智能水平。在这一级别,人工智能系统能够自觉认知和理解他人的情感,能够适当地对这些情感作出回应和行动,以产生积极的情感互动。这对于影响他人的情绪和建立情感联系至关重要。这些不同智能等级反映了人工智能系统的逐渐增强的能力,从单纯的任务执行到问题解决、学习、适应和情感互动。在服务领域,这些不同级别的人工智能可以用于不同的场景和目的,以满足不同类型的需求。

2.1.4 人工智能交互的特点

根据任务映射理论,人工智能在执行任务时与人进行互动,这种互动可以被归为五个逐渐进阶的特点,包括点击、交谈、触摸、观看和思考(Baldwin et al., 2015)。这些特点反映了人工智能系统在模拟人际互动中的不断演进和改进。

在这个理论框架下，任务映射理论强调了人工智能与用户之间的互动性，这种互动性随着技术的发展不断进化。点击代表最基本的互动方式，通常用于执行简单的命令或触发操作。交谈则表示更高级的互动，允许用户通过自然语言与人工智能系统进行对话，使得用户能够提出问题、寻求建议或解决问题。触摸表示用户可以通过触摸屏幕或界面与系统进行物理接触，这种互动更具身体性。观看则是指用户可以通过可视界面与系统进行互动，通常与图形用户界面或虚拟现实相关。思考表示人工智能系统的不断进化，使其能够理解用户的需求、情感和背后的意图，从而提供更智能、个性化的反馈。

在人工智能领域的演进中，学者已经对人工智能进行了不同特点的分类（如表2-1所示）。随着技术的不断发展，人工智能正朝着类人化的方向不断前进，从外观到内在表现都在逐渐趋向人类的特点。这一演进的趋势推动了更多与人工智能相关的类人化研究。因此，本书将进一步探讨与人工智能的类人化相关的研究，以更好地理解人工智能技术的发展和与人类互动的不断改进。这一发展对于拓展人工智能应用的边界、提高用户体验以及实现更智能化的人机互动具有重要意义。

2.2 人工智能的类人化及研究

2.2.1 人工智能的类人化

随着人工智能技术的不断进步，人工智能具备了越来越接近人

表2-1 人工智能分类特点总结

智能服务类型	定义	形态	智能水平	交互特点	举例	文献
服务机器人	具有实体形态的,能以较高程度的自主性来完成定制化任务	有(类人/类宠物/类机器)	机械智能/同理心智能	点击、交谈、触摸	提供基础服务,如点餐、结账、外卖、迎宾、陪伴、医疗辅助等	Mende et al., 2019; Jörling et al., 2019; Robinson et al., 2013
人工智能客服	通过语音命令或文本聊天来模拟人类对话,并充当用户的虚拟助手	没有	机械智能/同理心智能	交谈	电话销售、在线客服、居家陪伴、手机助手	Luo et al., 2019
推荐机器人	根据用户的历史习惯以及现有情况,进行后台数据建模分析,为用户提供建议	没有	分析智能	点击、交谈	提供医疗诊断、金融投资建议、财务管理、音乐等消费推荐	Longoni et al., 2019; Hertz & Wiese, 2019

类的能力。人工智能的相似性在多个维度上显著增加，从外表相似性逐渐扩展到互动方式的相似性，最终迈向内在能力的相似性。基于心理学领域对于"类人"特点的研究，前人文献通常集中讨论两种与人类特有的能力相关的方面，即独特能力和天性能力。人类的独特能力通常指认知特质，如逻辑和理性思维等（Došilovic et al., 2018），这些能力使人类与其他动物区分开，但也有可能被机器人所模拟。人类的天性能力通常指人类的情感和情绪能力，如温暖和直觉（Haslam, 2006; Loughnan & Haslam, 2007）、这些能力可能与其他动物共享，但往往难以被机器人复制。人工智能和其他机器通常被认为缺乏人类的天性能力（Haslam et al., 2008）。这些研究也与对人类感知的两个维度相关，即能力和热情，这两个维度构成了人类对他人的感知基础（Fiske et al., 2007）。这两个维度也在类人性研究中分别对应认知能力和情感能力。这些研究结果表明，消费者往往将人类的类人特征分为认知和情感两个维度，因此，人工智能的类人特征也可以在这两个维度上展开，构建出类人的心理特质。本书将人工智能的类人特点分为三个维度，从较易到较难分别为外形类人、认知类人和情感类人。

2.2.1.1 外形类人

当人工智能是以实体形式出现时，人工智能的外形变得十分重要。学者发现人类的物理相似性可以受到外表、体貌和面容这三个因素的影响：类人的外表，包括睫毛、头发、皮肤、性别、眉毛、服装；类人的体貌，包括手、手臂、躯干、手指和腿；类人的面容，包括眼睛、嘴、头和脸（Phillips et al., 2018）。

目前的人工智能类人外形主要分为三类。第一类是指只具有类人部位的人工智能，这类人工智能通常只具备一些类人的身体部位。例如，在工厂中使用的工业机器人通常与人类外貌的相似性极低，只有一个工业机械手臂可能与人类的手臂相似；或者它们仅拥有一个类人的面部，使用一个圆形屏幕作为"面部"来暗示人类形象，但实际上缺乏任何可识别的人体部位，如家庭机器人Jibo（出售用于家庭，被《时代》评为2017年最佳发明之一）。第二类人工智能具有类人的外形，这些人工智能在外貌上更接近人类，拥有眼睛、嘴巴和类似人类四肢的外形。例如，用于零售店和餐馆的机器人Pepper在外观上更像人类，具备眼睛、嘴巴和四肢的特征。第三类人工智能具有与人类极度相似的特征，拥有与人类特征极度相似的外貌，几乎无法将其与真实的人类区分开。例如，Sophia（用于会议和脱口秀节目的演讲机器人）和Erica（在日本担任新闻主播）都被设计成几乎与真实人类一模一样的外貌。

2.2.1.2 认知类人

人工智能内在的技术（如机器学习等）使得人工智能具有识别大数据的能力，并可以根据已有数据作出未来预测、分析和总结。也正是如此，人工智能与人类相似性在认知维度上明显更高：人工智能可以在人类水平上执行的任务越来越多，主要包括非情感预测和分类任务（Grove et al., 2000; Castelo et al., 2019）。

人工智能还有许多无法企及的认知能力和认知挑战。第一个挑战是，人工智能无法对给定决策或预测的结果进行原因上的解释（Došilovic et al., 2018; Park et al., 2016）。在人工智能的算法中，算法的输入包含多种因素，并且输入和输出分割层次较多，使得人工智能很难通过输出结果来探索输入原因。然而，很多时候消费者不仅仅是需要结果，还需要提供该结果的缘由（Došilovic et al., 2018），否则，很容易感觉人工智能并没有"独特"地对待他们。因此，最近人们对创建"可解释的人工智能"的兴趣激增，这意味着人工智能可以解释它们是如何作出给定决定将成为可能，如诊断疾病或批准贷款（Došilovic et al., 2018）。

实现与人类认知相似性的第二个挑战是认知灵活性，即将知识和经验从一个领域传递到另一个领域。现有的人工智能都是狭义的人工智能，它们目前只在一个特定领域接受训练，如玩特定游戏、诊断疾病或驾驶汽车，但无法在其他领域发挥作用（Russell & Norvig, 2016）。尽管先进的人工智能已经逐渐向知识灵活上发展，但相对于人类而言，人工智能的灵活性水平仍然非常有限（Taylor & Stone, 2007; Weiss et al., 2016）。

这些认知挑战和限制表明，尽管人工智能在模仿人类认知方面取得了进展，但仍有许多方面需要进一步改进和研究，以实现更高程度的类人化和认知灵活性。

2.2.1.3 情感类人

人工智能的类人情感维度包括对消费者情绪的识别能力以及对情绪的反应和回应能力（Gray et al., 2007）。然而，人工智能与人类在情感维度上的相似性相对较低。这一情况存在两个主要原因。第一，高度类人化的人工智能与人类在情感上高度相似会与消费者对人工智能的传统印象相抵触（Gray & Wegner, 2012; Loughnan & Haslam, 2007）。情感维度一直被认为是人类和人工智能的关键区别。人们通常将人工智能描述为"无情的机器"（Haslam & Loughnan, 2014），因此，如果人工智能过于类人，会引发消费者的不适感和负面情感反应。消费者可能对具有过多情感的人工智能产生疑虑,感觉无法信任或理解其情感,因此,人工智能需要在情感表达方面谨慎权衡。第二,人工智能的技术限制。目前,人工智能仍然无法拥有与人类一样的直觉。人工智能的决策和判断仍然基于理性的算法,而对于某些需要情感共鸣和直觉的领域,如艺术创作或哲学问题,人工智能无法像人类那样运用情感来解决(Nichols, 2008)。因此,尽管人工智能在识别情感方面取得了进展,但在与情感互动和表达方面仍然存在挑战。

综上所述,人工智能在情感维度上与人类之间存在相似性的限制和差异,需要在保持人工智能的实用性和可接受性之间寻找平衡,以满足消费者的需求和期望。

2.2.2 人工智能类人化理论及影响

恐怖谷理论(uncanny valley theory)是人类对于人工智能类人化研究的主要理论基础,它表达了人们对于接近人类相似度的类人人工智能的排斥反应。这个理论描述了人们在面对不同程度的类人化人工智能时的情感和亲近感的波动。根据恐怖谷理论,当类人人工智能表现出一定程度的相似性(如在外表和行动上与人类相似)时,人们通常会对其产生好感。然而,当类人特征达到某一特定程度时,通常是相似度已经很高但仍然存在细微差异,这时,人们会感受到一种"恐怖谷"的效应。这个"恐怖谷"指的是人工智能在某些方面过于类人,但又存在明显不同之处,这种差异会引发人们的不安、不适和负面情感,类似于对"僵尸"或"行尸走肉"的感觉。在这个阶段,人们可能会感觉与类人人工智能的亲近感下降，甚至会产生拒绝的情感（Massahiro, 1970）。然而，恐怖谷理论也指出，当类人人工智能与人类的相似度持续上升，以至于人们无法区分它们时，情感会再次上升，人们会对人工智能产生更积极的情感，甚至出现情感共鸣，认为它们与人类之间的情感联系更加强烈（如图2-2所示）。这一理论阐释了人工智能类人化过程中情感变化的复杂性，以及在不同相似度水平下人们的情感和接受程度。

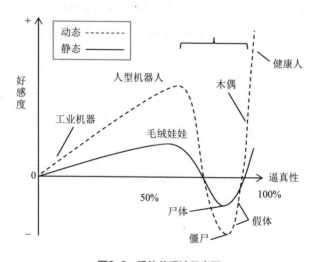

图2-2　恐怖谷理论示意图

（资料来源：Mori et al., 2012）

综上所述，恐怖谷理论为解释人工智能与人类之间的情感互动提供了有力的理论基础，强调了相似度和差异性之间的微妙平衡对于人工智能类人化的成功至关重要。

根据恐怖谷理论，不仅外貌相似度会导致人们进入恐怖谷，而且人工智能的其他类人维度也可能对人们的反应产生影响。因此，当人们面对类人人工智能时，他们会根据不同的类人维度对其进行评估，从而产生不同的反应。以下是一些类人维度的例子以及可能的消费者反应。

2.2.2.1　外形类人的恐怖谷

人工智能外形类人度会影响消费者对人工智能的信任和使用意愿（Belanche et al., 2020; Fan et al., 2016）。具有拟人化特征的人工智能能够提高消费者对其的信任，并激发消费者的使用意愿。然而，过高的外形相似度可能带来恐怖谷效应，增加消费者的不适感，从而减少了对人工智能的信任和使用意愿。

外形相似度的增加，如身高、体积、脚部特征、发型和穿着打扮等，可能会挑战人们对人工智能与机器之间的分辨，并降低其独特性感知（MacDorman, 2006; Wang et al., 2015）。这种独特性缺乏会引发消费者的不安感（Ferrari et al., 2016），因为他们通常期望机器和人类在外貌上有明显可分辨的差异。因此，高度类人的外形可能引发消费者的强烈情感反应，从信任和温暖感转向不适感。

消费者对人工智能的认知类人度可能呈现出倒U型。刚开始，适度的外形相似度可能会增加消费者的信任和感知温暖，因为它们看起来友好和可信。然而，当外形相似度过高时，消费者可能感到独特性降低，引起不适，降低对人工智能的信任和使用意愿。因此，平衡外形类人度对于设计人工智能的外观是至关重要的，以确保它既具有吸引力，又不引发消费者的不适感。

2.2.2.2　认知类人的恐怖谷

人工智能的认知类人度对消费者的认知能力判断产生重要影

响（Gray & Wegner, 2012; Loughnan & Haslam, 2007）。当人工智能在认知类人度上更像人时，这意味着它们在执行任务时具有相似的认知能力，消费者可能会更积极地对待这些系统（Loken, 2006; Meyers & Tybout, 1989）。消费者可能认为这些类人人工智能更有用，不会引发负面情感反应。

然而，当人工智能的认知类人度不断提高，最终接近甚至超越人类水平时，即它们不仅在特定领域的任务中表现出类人认知，而且具有高度可解释性和认知灵活性，这种认知相似性水平可能引发消费者的不适感。这种不适感可能源于人工智能对人类的威胁，既可能威胁到人类的就业和经济安全，也可能威胁到人类的独特性和安全（Bradshaw, 2015; Cellan-Jones, 2014; Cameron, 2017）。因此，消费者对于人工智能认知类人的态度可能呈现出倒U型。

在初期，适度的认知类人度可能提高技术的有用性，消费者可能会认为这些系统对他们的任务更有帮助，因此持积极态度。然而，当认知类人度不断增加，即使技术仍然非常有用，消费者也可能会感到威胁和不适，因为他们担心这些高度类人的人工智能可能会对他们的工作和生活产生负面影响。这种情况可能会加剧，因为一般的媒体报道常常强调人工智能对就业和社会稳定性的潜在威胁，进一步加深了对完全认知类人人工智能的负面评价。

2.2.2.3 情感类人的恐怖谷

人工智能的情感类人度对消费者的感知有用性和舒适性具有重要影响。在适度的情感类人度下，人工智能可以更好地识别和反应用户的情绪，这有助于提高人工智能的感知有用性，因为用户可能认为这些系统能更好地满足其情感需求。例如，这些系统可以用于情感分析、心理健康支持等领域，增加消费者的满意度。

然而，当情感类人度不断增加，即人工智能的情感表现变得越来越类似于人类思维和情感时（Liu, 2010; McDuff et al., 2013），这可能引发消费者的不适感。这种情感相似性水平可能被认为对消费者构成潜在威胁，因为这可能导致人工智能在涉及情感和道德决策方面越来越类似于人类，从而引发不适感。

总结而言，认知和情感类人度都会对消费者的感知有用性和舒适性产生影响，呈现出倒U型的影响。这意味着适度的类人度可能提高技术的有用性和用户满意度，但当类人度过高时，用户可能会感到威胁和不适。在人工智能发展中，平衡感知有用性和舒适性成为企业的重要挑战。消费者对于人工智能的类人度的态度是一个复杂的问题，需要综合考虑技术潜力、用户需求和社会接受度。

2.2.3 类人人工智能相关研究

现有关于影响消费者对类人人工智能态度研究主要是从类人化特征、人工智能任务和消费者异质性这三个视角进行深入探讨。

2.2.3.1 类人化特征

根据恐怖谷理论，消费者对于类人人工智能不断类人的过程持积极态度（Fan et al., 2016; Wirtz et al., 2018; Van et al., 2019; Belanche et al., 2020）。增加类人人工智能的类人特征，有助于提高消费者的满意度和忠诚度。这些类人特征包括外在形象（Van et al.,

2019）、性格特征（感知温暖、感知能力）（Van et al., 2017）、功能要素（感知易用性、感知有用性、主观社会规范）、社会情感要素（感知人性、感知社会互动性、感知社会存在感）和关系要素（信任、融洽关系）（Wirtz et al., 2018）。例如，拥有更类似人类外貌和亲切性格的人工智能往往更容易引起用户的亲近感和信任，从而提升用户的满意度和对系统的忠诚度。然而，当人工智能的类人程度超过一定阈值时，消费者可能感到威胁和不适，从而产生消极态度（Mende et al., 2019; Appel et al., 2020）。这种情况可能发生在人工智能在外形和行为上过于类似人类，以至于消费者难以区分它们与真正的人类。此外，人工智能的社会形象和角色也可能影响消费者的态度（McAndrew & Koehnke, 2016）。如果人工智能被赋予一些具有威胁性或不可预测性的特征，消费者可能会感到不安和不适，从而对其持负面看法（McAndrew & Koehnke, 2016）。因此，消费者对于类人人工智能的态度受到类人程度的影响，这一关系是复杂且动态的。企业在开发和推广类人人工智能时，需要谨慎权衡类人特征的丰富程度，以确保在满足用户需求的同时避免引起消极情感和不适感。具体如表2-2所示。

2.2.3.2 人工智能任务

人工智能在外形、认知和情感上的类人程度各有区别，因此，不同类人程度的人工智能能够执行不同的任务，如从简单的文字处理到智能推荐再到复杂的自主演讲。人工智能能够完成哪些任务，也取决于消费者是否愿意将人工智能用于相应任务的处理。现有研究通过细分任务的类型来研究消费者对类人人工智能的任务偏好，具体包括任务的情感性、任务的风险性、任务的愉悦性。

表2-2 消费者对类人人工智能态度相关研究总结

文献	自变量	因变量	理论机制	研究主要结论
Fan et al., 2016	类人人工智能的拟人化特征	消费者使用意愿	无	对于具有拟人化特征的类人人工智能促进消费者继续使用人工智能的意愿；感知权利低的用户对于类人人工智能带来的服务失败更包容
Van et al., 2017	类人人工智能的特征（感知温暖、感知能力、吸引力），用户特征（关系导向，技术水平，拟人化倾向）	人工智能的服务效果（感知满意度，顾客忠诚度）	无	类人人工智能的特征（感知温暖、能力、吸引力）和用户特征（关系导向、技术接受、拟人化倾向）都会正向影响人工智能的服务效果（感知满意度、忠诚度）
Stock et al., 2018	类人人工智能的创新服务行为	消费者态度	无	消费者对于有创新服务行为的类人人工智能的态度普遍好
Wirtz et al., 2018	类人人工智能的特征（功能要素，社会情感要素，关系要素）	顾客接受度	sRAM模型	类人人工智能的功能要素（感知易用性，感知有用性，主观社会规范）、社会情感要素（感知人性，感知社会互动性，感知社会存在感）和关系要素（信任，融洽关系）都会影响消费者对类人人工智能的接受度
Van et al., 2019	类人人工智能的拟人化特征（外表 vs. 社交功能）	用户信任，使用意愿	无	拥有拟人化特征的类人人工智能积极影响消费者的信任和使用意愿；拟人的外表比社交功能带来的积极影响更显著
Mende et al., 2019	在线客服（人工智能 vs. 人工服务）× 人工智能类人程度（低 vs. 高）	补偿性反应	感知威胁	类人人工智能引起更大的消费者不适，从而导致补偿性消费（如以身份为导向的消费，社会归属和增加食物消费）
Appel et al., 2020	类人人工智能（感知、思考的能力）	感知恐怖	恐怖谷理论	人们对于有自主感知、思考的类人人工智能感到更恐怖，而这一现象在护理情景下显著弱化
Belanche et al., 2020	人工智能（类人 vs. 类机器）	消费使用意愿	无	人工智能的类人特征增加消费者对其的使用意愿

1）任务的情感性

人工智能的任务可以根据涉及情感的程度分为感性任务和理性任务。理性任务相对较为客观，人工智能是基于给定的规则或逻辑来完成任务的，如工厂流水线上的人工智能。感性任务则相对更为主观，需要依赖直觉或感觉来执行（Inbar et al., 2010）。由于消费者普遍认为人工智能缺乏感性任务所需的情感能力（Castelo et al., 2019），他们对人工智能完成感性任务的信任度较低，持消极态度。

感性任务包括任务的愉悦属性和社交成分。具体而言，当任务涉及情感、感官、审美等因素时，消费者对于人工智能承担这类享乐任务的态度较为消极。与此同时，由于人工智能被认为缺乏情感类人的特征，当任务要求与情感和社会互动相关时，消费者对于人工智能执行这些社交交互任务的态度较为负面。

根据常人理论（lay theory），消费者对于任务所需的能力有着较为明确的认知（Inbar et al., 2010）。这导致了一种思维，即如果人工智能缺乏执行某项任务所需的能力，消费者可能会认为它不适合执行该任务。因此，增加人工智能与人类相似性的维度，以使其具备与某项任务所需能力相匹配的特征，将提高人工智能的感知有用性，并在一定程度上增加消费者对人工智能的积极态度。

2）任务的风险性

作为新兴技术，人工智能往往引发消费者对于新事物的风险认知，这一现象已被前期研究证实（Slovic et al., 1981）。消费者的风险认知主要受到两个关键因素的影响，即结果潜在风险和风险发生的概率（Bettman, 1973）。

不同的人工智能任务具有不同程度的结果潜在风险。例如，使用人工智能推荐电影与将其应用于驾驶汽车或诊断疾病相比，前者的结果风险较低，而后者的结果风险明显更高。因此，将人工智能应用于关键任务会引发消费者对于较高潜在风险的感知，从而降低了他们对人工智能的态度和使用意愿。

影响消费者风险认知的第二个因素是风险发生的概率。这一概率并不受任务本身的影响，相反，它受到技术的有效性和可靠性以及对技术设计者和操作者的信任等因素的影响（Lee & See, 2004）。例如，一项技术如果长期保持成功的纪录，将提高消费者对该技术的可靠性和有效性的信心，从而降低了他们对风险发生概率的认知，减少感知风险。另外，如果技术是由消费者信任的公司或政府进行设计和运营，消费者对风险的感知将相应降低。

综上所述，人工智能的风险认知受到任务的潜在风险和风险发生概率的影响，这两个因素在消费者对于人工智能的态度和使用意愿中发挥着重要作用。消费者对于风险的感知程度会影响他们是否接受并信任人工智能技术。

3）任务的愉悦性

任务的愉悦性也可能对消费者在使用人工智能执行任务时的态度和意愿产生影响。消费者通常不太愿意使用人工智能来执行他们认为有趣的任务，即使这些任务可以通过人工智能更有效或更准确地完成。例如，消费者可能不太愿意让人工智能帮助他们向其他人推荐笑话（Yeomans et al., 2019），因为推荐笑话是一项愉快的任务，消费者可以通过它实现自我满足和获得一些乐趣。同样，那些享受驾驶乐趣的消费者可能不太愿意购买具备高阶辅助驾驶能力的汽车（Leung et al., 2018）。

因此，任务的愉悦性可能与任务提供的快乐或意义程度相关

（Baumeister et al., 2013）。对于消费者来说，即使一项任务不是严格意义上的"娱乐"，只要这项任务在完成过程中能够为消费者带来某种意义，使他们感到快乐，这个任务就可以被视为愉悦的。因此，消费者可能更愿意使用人工智能来执行那些他们认为不愉快的任务，因为这可以减轻他们的负担或提供某种实际意义，从而改善他们的体验。

2.2.3.3 消费者异质性

消费者在面临新技术时，往往存在信任和使用上的疑问，消费者的个人特质对其技术采纳意愿和技术信任具有重要影响，其中包括消费者的人口异质性、身份和性格特质等。

1）人口异质性

男性和女性在面对相同技术时，通常会关注不同的方面，且在承担风险的意愿上存在差异。男性更加注重感知到的技术有用性，因此，他们更关注人工智能的实际效益。女性则更注重技术的易用性，她们在使用技术时更注重方便性和用户友好性（Venkatesh & Morris, 2000）。此外，女性普遍对新技术的潜在风险感知较高，因此对新技术的信任度相对较低。与男性相比，女性通常会感知到更多潜在风险（Gustafsod, 1998），并且更不愿意承担风险（Byrnes et al., 1999）。因此，女性往往表现出对人工智能的信任较低，她们可能对人工智能执行重要任务（如驾驶汽车和疾病诊断）的信心较低，对其执行较为次要任务（如电影推荐）的信任也有所保留（Castelo & Ward, 2019）。

年龄也会影响消费者对新技术的接受意愿。年长的消费者更容易受到主观社会规范的影响，这意味着他们更容易受到社会和他人的看法和期望的影响，进而影响其采纳新技术的意愿（Morris & Venkatesh, 2000）。另外，年龄因素也影响个体的学习和适应新技术的能力，通常来说，老年人相对于年轻人来说，学习和适应新技术的速度和能力较慢（Meyer, 2011; Selwyn et al., 2003）。

因此，消费者的人口异质性因素（包括性别和年龄）会在他们对人工智能的态度和信任度方面产生不同的影响。这些差异需要在推广和应用人工智能技术时予以考虑，以更好地满足不同群体的需求和期望。

2）身份

影响消费者使用人工智能的影响因素还包括消费者的感知身份意识和感知身份威胁。

对于那些与消费者的个人身份直接相关的任务，消费者通常不太愿意采用人工智能。例如，如果驾驶汽车对消费者的身份非常重要，他们就可能不太愿意购买配备自动驾驶功能的汽车（Leung et al., 2018）。这是因为这种技术的使用可能会降低他们在驾驶方面的主观身份认同感。

此外，人工智能也可能对消费者的自我身份和整体人类身份构成威胁。消费者通常在工作场所具有明确定义的职业身份和价值观。他们的工作是其身份构成的重要组成部分，因此，他们对于维护这一身份有很强的动机（Rosso et al., 2010）。尽管人工智能已经能够有效地进行医学诊断和新闻报道等任务，但如果这些技术威胁到医生或记者的职业身份，甚至威胁到他们的谋生方式，医生和记者等职业的从业者就可能降低对人工智能的使用意愿。此类身份相关的担忧还包括广义上的人类身份的担忧。消费者通常关注他们在不同社交群体中的成员身份，因为这种认同感有助于构建他们的个体认同。如果外部群体的存在对他们所属的群体的独特性构成威胁，他们就可能产生对外部群体的负面评价（Tajfel, 1974）。这一现象在人工智能领域同样存在。随着人工智能的外形和行为越来越类似人类，人工智能与人类的区别逐渐变得模糊，这可能被认为是对消费者个体身份的威胁。感知到这种威胁可能会降低消费者采用人工智能技术的意愿。

因此，感知身份意识和身份威胁对消费者的技术采纳意愿产生重要影响。了解这些因素如何影响消费者对人工智能的态度和信任，有助于开发更加符合消费者需求和期望的人工智能技术。

3）性格特质

消费者的性格特质是影响其对人工智能的态度和使用意愿的一个重要因素。学者们进行了广泛的研究，探讨了性格特质对消费者对人工智能的态度的影响。这些性格特质包括消费者对于创新事物的接受意愿、消费者的风险态度、消费者的偏见以及消费者的专业知识。具体而言，性格开放性高的消费者更愿意接受和使用人工智能（Čaić et al., 2019）。这意味着他们更愿意尝试新技术和新方法，包括与人工智能的互动。他们对于创新和新颖性有更高的容忍度，因此更有可能采用人工智能技术。相反，对风险持保守态度的消费者可能会对人工智能持较为谨慎的态度，并降低其使用意愿（Castelo et al., 2019; Castelo & Ward, 2016）。他们更关注可能的风险和负面后果，在面对人工智能时，他们可能更加警惕。具有对人工智能的偏见的消费者可能会对其持消极态度，这些偏见可能受到大众媒体的影响，例如有关自动驾驶汽车发生致命事故的报道（Shariff et al., 2017）。这种偏见可能增加消费者对人工智能的负面评价和感知风险。最后，消费者的专业知识也会影响其对人工智能的使用意愿。对人工智能技术有专业知识的人可能更容易理解人工智能的工作原理，从而更可能感知其有用性（Venkatesh et al., 2003; Yeomans et al., 2019）。此外，在特定领域具有专业知识的消费者可能会过分自信，认为他们能够胜任相关任务，从而降低对人工智能的使用意愿（Logg et al., 2019）。

综上所述，性格特质是影响消费者对人工智能的态度和使用意愿的重要因素之一。不同的性格特质会导致不同的消费者反应，从而产生各种态度和使用意愿。因此，在设计和推广人工智能技术时，需要考虑不同消费者的性格特质，以更好地满足他们的需求和期望。消费者与人工智能的互动方式和情境随着人工智能类人化程度的不断提高而变得更加丰富。因此，了解人工智能如何影响消费者的感知以及在与人工智能和人类互动时，消费者的心理状态和行为的差异将是未来研究的一个重要方向。这将有助于更好地理解消费者与人工智能的关系，以及如何提高人工智能与消费者的互动体验。

2.3 由人际互动到人机互动

2.3.1 从人际互动到人机交互

随着人工智能逐渐类人化，人工智能所能胜任的服务情景越来越广泛，很多过去由人类提供的服务逐渐被人工智能所取代，整个服务过程也从人际互动转变为人机互动。基于上述人工智能与人类的相似和区别，当服务过程中的人际互动向人机互动转变时，消费者将会如何对待人工智能呢？

有学者发现，消费者在与人工智能进行互动的时候会将人际互动中的社会规范应用到人工智能身上（Nass & Moon, 2000），但也因为人工智能的类人性和非类人性，在人机互动的行为上会产生与人际互动类似与不同的行为。

消费者在与人工智能互动时，会用固定的社会类别对人工智能进行分类，如性别、种族、组内和组外等。例如，人们普遍认为女性具有更多的温暖属性，如关怀和情感；而认为男性具有更多的代理属性，如专业知识和技术能力（Huddy & Terkildsen, 1993）。这种性别刻板印象会影响人们对不同性别声音或外观的人工智能的评价。例如，女性声音的人工智能可能被认为更富有情感，而男性声音的人工智能可能被认为在计算机知识方面更为专业（Nass et al., 1997）。类似地，人们也可能将种族和面孔特征应用到人工智能上（Brown, 2011）。与其他种族面孔相比，人们往往认为具有相同种族面孔的人工智能更加吸引人、可信、有说服力和聪明（Nass & Moon, 2000）。这意味着种族特征可能会影响消费者对人工智能的态度和感知。类似于种族和性别的刻板印象，群体内偏见也可能在人工智能互动中发挥作用。消费者在评价拥有与自己相同社会群体特征的人工智能时，可能更愿意将其视为有吸引力、可信的和智慧的（Fu et al., 2012）。这暗示了社会规范和偏见在消费者对人工智能的态度和评价中发挥了作用。

消费者在与人工智能互动时，会使用过度学习的社会行为，如礼貌。例如，消费者通常倾向于对人工智能表现出礼貌，并不愿意给予低分。这一现象类似于人们进行社交互动时的礼貌行为。在与人工智能互动并对其进行评分时，消费者的评分往往高于在其他评分方式下的得分（Nass et al., 1999）。这表明，消费者在与人工智能互动时，更倾向于提供积极的反馈，这可能是出于礼貌或对技术的感激。类似于现实社交中的互助行为，人们往往愿意回报那些曾帮助过他们的实体。在与人工智能的互动中，如果人工智能首次协助用户完成任务，用户可能更愿意花时间和精力来回报这一帮助（Broadbent, 2017）。这种行为可能源于对人工智能的感知，用户感到人工智能已经在某种程度上回应了他们的需求。类似于在人际关系中，人们在关系亲密度较高的情况下更愿意分享个人信息和情感，消费者在与关系亲密的人工智能互动时可能表现出更多的自我表露（Moon, 2000）。这种行为可能反映了消费者对与人工智能建立亲密关系的愿望，以及他们对人工智能的信任和情感亲近感。

消费者在与人工智能互动时，会运用社会规范到人工智能身上。这种现象展示了消费者对人工智能的社会化互动，包括地域特性、性别观念以及对人工智能的期望。例如，消费者可能倾向于将地域特性应用到人工智能上，认为具有与自己熟悉的地域相关的人工智能更亲近、更富有能力（Eyssel & Kuchenbrandt, 2012）。这种心理距离的感知可能导致消费者认为这些人工智能更加友好和可信赖。这也表明了人们对地域背景的认同与对人工智能的态度之间的联系。社会规范中的性别刻板印象同样影响消费者对人工智能的看法。例如，根据性别刻板印象，人工智能的声音或形象可能被认为符合某种性别特征，例如，短发和平唇的人工智能可能被视为女性化程度较低，更适合从事传统男性任务（如技术工作）；长发和平唇的人工智能可能被认为女性化程度较高，更适合从事传统女性任务（如育儿）（Eyssel & Hegel, 2012）。

这显示了性别观念如何影响人们对人工智能的期望和角色分配。除此之外，消费者与人工智能进行情感表达和互动的意愿，通常与人工智能的性别特质相关（Siegel et al., 2009）。例如，人们可能更愿意向女性化的人工智能表达情感和提供支持。然而，在与人工智能互动时，消费者也会意识到人工智能不具备人类的判断力和社会规范，从而在互动中采取不同的行为。人们可能更开放、友好、外向以及更加自我披露，尤其是在人际互动中（Mou & Xu, 2017）。这表明消费者对人工智能的期望和与人工智能进行社交互动时的行为之间存在差异。

2.3.2 人机交互对消费者心理认知的影响

相较于人际互动，消费者在面对人机互动时的心理认知会产生怎样的变化呢？

从情感视角来看，在人机互动中，消费者常常不自觉地将人工智能与人类进行比较，并格外关注人工智能在情感类人方面的不足之处。例如，他们可能认为人工智能在作出判断时只是根据算法进行大类分析，忽略个体的独特性。此外，消费者可能感觉到人工智能无法感知他们的情感和缺乏同理心（Luo et al., 2019）。这些认知可能会影响他们对人工智能的态度和行为，包括对其的信任度和愿意与其互动的程度（Longoni et al., 2019）。人工智能的存在可能导致一些消费者感到身份上的不适，因为他们可能觉得自己的工作或角色受到了威胁。这种感觉可能促使他们采取一种补偿性消费的策略，试图在其他方面强调自己的价值和身份（Mende et al., 2019）。例如，如果人工智能在某些任务上表现得很出色，一些消费者可能会增加对其他领域的消费，以弥补其感到威胁的领域。

从功能视角出发，在人机互动中，消费者通常认为人工智能不具备人类的全部能力和社会判断。这可能导致他们对人工智能持更积极的态度。例如，当消费者认为自己对人工智能拥有更高的所有权时，他们更愿意对负面结果负责，这表明他们对人工智能的能力有一定程度的信任（Jörling et al., 2019）。此外，消费者可能在人机互动中感到更加放松，因为他们认为人工智能不会对他们的社交行为产生负面影响（Zhu & Deng, 2020）。在人机互动中，消费者的信息关注也会发生变化。由于人工智能不具备自主能力，消费者可能更关注低解释水平的信息，因为他们认为这些信息更容易被人工智能理解和应用。此外，他们也可能更加注重人工智能提供的实用信息，因为人工智能通常在处理实用性问题上表现出色（Kim & Duhachek, 2020; Longoni & Cian, 2020）。

相关总结如表2-3所示。

2.3.3 人机互动的态度

人机互动与人际互动的相似和区别引起消费者心理认知的变化会进一步影响消费者对人工智能的使用意愿，本节将进一步总结消费者对人机互动的使用意愿。

根据人工智能的类人属性，人工智能在认知方面更接近人类，但在情感方面与人类相去甚远。根据奠定理论，消费者对于任务所需的能力有很明确的认知，这导致了消费者对于人工智能能否胜任该任务有着清晰的判断。本书发现，消费者对人机互动的使

表2-3 人机互动对消费者心理认知的影响总结

文献	自变量	因变量	理论机制	研究主要结论
Longoni et al., 2019	在线客服（人工智能 vs. 人工服务）	人工智能使用意愿	感知独特性	基于感知独特性理论，在医疗服务中，相比于人工提供的医疗服务，消费者更不愿意使用人工智能提供的医疗服务
Jörling et al., 2019	在线客服（人工智能 vs. 人工服务）× 服务结果（积极 vs. 消极）	服务结果的感知责任感	感知所有权/感知可控	基于归因理论，消费者感知到对人工智能的所有权越高，对负面结果的责任感越强；消费者感知到对人工智能的可控性越高，对积极结果的责任感越强
Luo et al., 2019	在线客服（人工智能 vs. 人工服务）× 披露身份（是 vs. 否）	购买率	感知专业性/同理心	知晓电话销售的服务人员为机器人时，消费者会认为它们的专业知识水平更低，且更缺乏同理心，从而产生更低的购买率
Mende et al., 2019	在线客服（人工智能 vs. 人工服务）× 人工智能类人程度（低 vs. 高）	补偿性反应	感知威胁	人工智能引起消费者更大的不适，从而导致补偿性消费（如以身份为导向的消费，社会归属和增加食物消费）
Zhu & Deng, 2020	在线客服（人工智能 vs. 人工服务）	消费者偏好	社会焦虑理论	人工智能能够降低消费者的社会焦虑，给消费者带来放松，因此，消费者更愿意选择人工智能作为训练伴侣
Kim & Duhachek, 2020	在线客服（人工智能 vs. 人工服务）× 信息的解释水平（高 vs. 低）	消费者偏好	解释水平	人工智能使用低解释水平信息会提高信息宣传的效果，人工服务使用高解释水平信息会提高信息宣传的效果
Longoni & Cian, 2020	在线客服（人工智能 vs. 人工服务）× 信息的价值（实用 vs. 享乐）	消费者偏好	常人理论	消费者更偏好人工智能传递实用性信息，人工服务传递享乐性信息

用意愿受到消费情境的影响。在那些强调理性分析、算法逻辑和效率的情境中，消费者通常对人工智能持积极态度，更愿意参与相关的人机互动。例如，在金融情境下，人工智能应用可以协助投资者进行股票分析，提高交易效率。相较于社交互动类任务，消费者更愿意在需要计算分析的情境中使用人工智能（Hertz & Wiese, 2019）。在银行和财产管理领域，人工智能应用可以提高运营效率、欺诈检测和资产管理。在医疗领域，人工智能有望帮助医生更准确地诊断疾病，减少医疗错误，提高医院效率（Esteva et al., 2017; Leachman & Merlino, 2017; Bennett & Hauser, 2013; Patel et al., 2009）。

然而，在那些强调消费者身份动机的情境下，人工智能的情感能力不足可能会导致消费者对人工智能持消极态度，抵制与之互动。在医疗诊断服务情境中，消费者可能会认为人工智能在作出判断时忽视了他们的个性特点，从而降低对医疗人工智能助手的使用意愿（Longoni et al., 2019）。在电话销售情境下，消费者可能会感觉到人工智能电话销售缺乏专业水平和同理心，因此更容易挂断电话（Luo et al., 2019）。表2-4总结了以往关于消费者对人际互动态度的研究，并在最后一栏描述了本书的研究背景。

2.4 人工智能融入定制化

消费者对人工智能的算法分析技术十分认可，认为人工智能可以更理性全面地进行分析计算。除了上文提到的金融投资、医疗诊断等情景，人工智能运用的另一个常见情景是为消费者提供个性

表2-4 消费者对人机互动的态度

文献	自变量	因变量	人机互动情景	人机互动态度	研究主要结论
Trippi & Turban, 1992	在线客服（人工智能）	经济效益	金融投资	积极	交易人工智能顾问可以帮助投资者进行股票分析
Fethi & Pasiouras, 2010	在线客服（人工智能）	效率和结果	银行管理	积极	人工智能应用可以提高银行的运营效率、检测和资产管理欺诈
Patel et al., 2009	在线客服（人工智能）	效率	协助医疗诊断	积极	人工智能的算法可以提高医疗诊断效率
Leachman & Merlino, 2017	在线客服（人工智能）	癌症诊断	协助癌症诊断	积极	人工智能诊断癌症的成功率与专业医生一样
Hertz & Wiese, 2019	在线客服（人工智能 vs. 人工服务）	使用意愿	计算机任务	偏好分析类任务	相比于社会交往类任务，面对计算分析类任务时，消费者更愿意选择人工智能作为自己的助手
Merkle, 2019	在线客服（人工智能 vs. 人工服务）	服务满意度	服务失败	积极	基于归因理论，在面对服务失败时，相比于人工服务，消费者对人工智能的满意度更高
Longoni et al., 2019	在线客服（人工智能 vs. 人工服务）	使用意愿	医疗诊断	消极	基于感知独特性理论，在医疗服务中，相比于人工提供的医疗服务，消费者更不愿意使用人工智能提供的医疗服务
Luo et al., 2019	在线客服（人工智能）×披露身份（是 vs. 否）	购买率	电话销售	消极	知晓电话销售的服务人员为机器人时，消费者会认为它们的专业知识水平较低，且更缺乏同理心，从而产生更低的购买率
Mende et al., 2019	在线客服（人工智能 vs. 人工智能类人程度（低 vs. 高））	补偿性反应	零售消费	消极	人工智能引起了更大的消费者不适，从而导致了补偿性消费（如以身份为导向的消费，社会归属和增加饮食消费）
本书	在线客服（人工智能 vs. 人工服务）	定制化参与意愿、过程满意度、结果满意度	定制化	随定制过程改变	在定制化早期，人工智能会提高消费者定制化参与的意愿；在定制化中期，人工智能会降低消费者过程满意度

定制化服务。众多在线平台如亚马逊、淘宝、小红书、抖音等都采用了人工智能技术，为消费者提供个性化的产品或内容推荐服务。这些平台利用算法分析用户的历史行为和兴趣，然后提供相应的推荐，比如"猜你喜欢"或"为你推荐"功能。一些公司（如Sprint）使用人工智能来识别有流失风险的客户，并提供个性化的保留服务，以满足客户的需求并留住他们。在线学习软件（如流利说、多邻国等）也采用人工智能技术，根据用户的学习进度和需求，提供个性化的学习方案。许多在线客户支持服务采用人工智能聊天机器人，这些机器人能够根据用户的问题和需求提供定制化的答案和支持，提升了客户服务的效率和质量（Kumar et al., 2019）。

2.4.1 定制化的概念和发展

"定制化"这一概念最初源自制造业，旨在反映企业的生产原则，从标准化和大规模生产逐渐向满足客户需求的更为精细的定制化生产转变（Duray et al., 2000; Wind & Rangaswamy, 2001; Duray, 2002; Fogliatto et al., 2012; Ding & Keh, 2016）。定制化是企业在竞争激烈且市场细分程度高的情况下，用来与竞争对手区别开来的战略（Da Silveira et al., 2001）。这种差异化战略可以通过信息技术的进步和整合，以及更加灵活的流程和组织结构来实现（Pine et al., 1993; Da Silveira et al., 2001）。因此，定制化策略已被广泛采用，以提高企业的竞争力和实现差异化（Da Silveira et al., 2001）。

早期的定制化通常指的是批量定制化（mass customization）。批量定制化是从企业的角度出发，企业以较低的成本提供满足消费者需求的产品或服务（Davis, 1990）。举例来说，企业可以生

AI定制：人工智能客服与消费者的定制化互动机制

产多种颜色和香味的沐浴露。然而，对于服务领域而言，消费者对服务产品以及与在线客服互动的期望和需求是多样化的。随着定制化的不断演进，企业也积极鼓励消费者参与定制化过程（Levesque & Boeck, 2017）。现代技术不仅仅允许消费者在一些预先设定的参数上进行选择（如颜色和材料），而且通过数学建模等技术使消费者能够更自由地定制个性化产品（Addis & Holbrook, 2001; Zhang et al., 2019）。这就是个人定制化（self-customization）的概念，它从消费者的角度出发，指的是消费者可以根据个人兴趣和期望自主参与产品或服务的定制化过程（Franke & Schreier, 2008）。如今，许多企业积极推动消费者参与自我定制化，如耐克的NikeID、路易威登的Mon Monogram系列、阿迪达斯的运动鞋、戴尔的电脑以及General Mills食品等都采用了这一策略。

随人工智能不断地被运用到定制化服务中，定制化服务变得更加高效、更加个性化（Kumar et al., 2019）。人工智能为消费者提供的定制化服务可以按照消费者参与类型分为两类。一类是人工智能为消费者提供定制化推荐，在此类定制化中消费者处于被动参与的状态，人工智能根据消费者的历史数据给消费者分析建模并预测消费者未来的偏好，为消费者提供定制化推荐内容，如定制化新闻推荐、定制化音乐推荐、定制化购物推荐等（Kumar et al., 2019）。另一类定制化是由人工智能与消费者共同完成，在此类定制化中，消费者处于主动参与的状态，人工智能通过询问消费者一些偏好和目标，为消费者提供定制化推荐内容，如"更美"软件为消费者提供定制美容护肤方案，需要消费者上传一张素颜自拍照，人工智能在自拍照的基础上进行分析，并为消费者推荐定制内容；流利说英语学习软件为消费者提供定制英语学习提升方案，需要消费者完成5分钟的英语水平测试和回答自己的英语提升目标，人工智能在此基础上为消费者提供定制学习方案。

部分消费者认为，消费者被动参与人工智能的定制化推荐是人工智能侵犯消费者隐私的行为（Lobera et al., 2020），因此，越来越多的企业在使用人工智能为消费者提供定制化时开始提高消费者在定制化的主动参与度，一方面，降低消费者的隐私担忧；另一方面，通过与消费者的交流交互提升消费者对定制化结果的满意度。本书研究的定制化也是建立在消费者高度参与的基础上。

2.4.2 人工智能定制化交互的流程

本书将人工智能与定制化交互的环节按照定制化流程分为定制化早期、定制化中期、定制化后期。

2.4.2.1 定制化早期——消费者参与

定制化被认为是一种涉及顾客参与的方式，它使消费者能够根据自身的喜好和需求来指定产品的属性，参与产品设计的过程（Kelley et al., 1990）。消费者的参与是实现定制化的首要步骤，而消费者的积极参与可以为企业带来众多好处。

首先，消费者的参与可以带来经济效益。首要的好处就是成本降低和生产效率提高（Lovelock & Young, 1979; Mills et al., 1983）。其次，消费者参与定制化还有助于提高消费者对产品的满意度。Ford和Heaton（2001）提出，允许消费者参与定制化的各个阶段，包括产品概念的开发、生产和定制、产品或价格的捆绑以及提供服务反馈，都可以增强消费者对公司和其产品的承诺、信心、信任和满意度。研究人员还发现，参与定制化的消费者更加关注通过他们的参与来满足自己的需求和利益，因此，参与定制化有助于提高消费者对服务质量的感知（寇小萱和卜祥峰，2021；Zeithaml & Bitner, 2018）。这强调了只有当消费者愿意积极参与定制化过程时，后续的经济效益才能得以实现。

这一观点强调了消费者的参与对于企业的重要性，不仅可以实现成本效益，还可以提高消费者的满意度，并通过满足他们的需求和利益来加强消费者对产品和服务的信任。这些好处在推动企业采用定制化策略以满足不断变化的市场需求时变得尤为重要。

2.4.2.2 定制化中期——预期质量感知

在定制化的中期阶段，消费者将与定制化在线客服进行互动。在这一时刻，定制化在线客服的反应速度、反应效率、互动方式以及互动内容都会直接影响消费者对整个定制化过程的满意度并影响其对定制化结果的态度。由于消费者普遍认为人工智能在提供高效回应方面具有一定的潜力，当与人工智能的信息回应出现延迟时，消费者会对整个过程的满意度降低（Bai et al., 2017; Lew et al., 2018）。此外，只有当消费者感知到定制化过程中的自主性、感知自我控制、品牌关联度、服务质量与价值时，他们才更愿意积极参与整个定制化过程，并且对于预期的服务质量有更高的感知（Namasivayam et al., 2014; Yin et al., 2020）。

这些发现强调了定制化在线客服在塑造消费者体验和满意度方面的重要性。消费者往往期待与在线客服有高效的互动，并在互动中感到有一定的自主性和控制权，同时也希望这些互动有助于提升整体的服务质量并带来实际的价值。通过满足这些期望，企业可以更好地满足消费者的需求，建立更紧密的关系，提高预期感知质量以及提高品牌忠诚度。

2.4.2.3 定制化后期——结果满意度

在定制化的后期阶段，消费者已经完成了整个定制化的参与过程，他们会面临一个或多个根据其需求和喜好为其定制的推荐结果。在这一环节，消费者需要权衡这些推荐结果与他们的期望之间的匹配程度，从而形成对这些结果的满意度。除了结果内容之外，定制化结果的呈现形式也会显著地影响消费者对这些结果的满意度。首先，结果的数量和呈现方式对消费者的满意度具有重要影响。定制化结果数量与消费者满意度之间存在一种倒U型的关系。当定制化结果的数量从较少变得更多时，消费者感知到选择的多样性，从而对这些结果感到满意。然而，当结果的数量过多时，消费者感到选择负担沉重，面临困难的选择，因此对这些结果的满意度降低（Desmeules, 2002）。此外，结果的呈现形式也对消费者的满意度产生影响。相对于基于替代产品（alternative）细分的定制化结果，基于产品属性（attribute）细分的定制化结果能够进一步降低消费者的选择困难，从而提高消费者的满意度（Pierce et al., 2003）。

综合上述，人工智能在整个定制化流程中与消费者的交互环节可以划分为三个关键步骤：第一，人工智能在定制化的早期阶段能否提高消费者参与定制化的意愿；第二，在定制化过程中，人工智能对消费者的满意度有着直接的影响；第三，在定制化的后期阶段，人工智能与结果的呈现形式之间的匹配程度将影响消费者对定制化结果的满意度。这些环节将成为本书的关注重点。

2.5　人工智能定制化研究的框架

本书聚焦于人工智能的定义和特点、人工智能类人发展、人工智能带来的人机交互对消费者的影响、人工智能在定制化的交互环节，对相关文献进行了梳理和总结。随着人工智能的发展和普及，如何有效地运用人工智能到服务环境中，提高消费者对人工智能的态度成为企业关注的焦点。现有研究对于人工智能运用的消费情景研究有限，并且消费者对待人工智能的态度随着消费情景的不同产生变化，这让企业引入人工智能的难度进一步提高。已有文献对于人工智能带来的人机交互与人际交互的区别探讨较少，存在很大的空缺，这使得企业制定人工智能策略时缺乏理论依据。本书将目前研究中的不足之处总结为三个方面（如图2-3所示）。

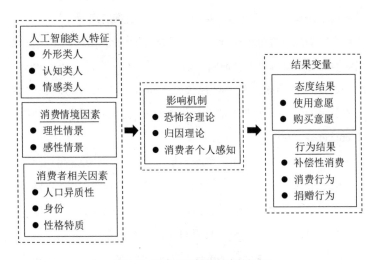

图2-3　已有人工智能研究的框架

对于人工智能的本质特征以及人机交互与人际互动的区别尚未充分挖掘。大多数研究集中在消费者在人机交互与人际互动中表现出的相似或不同之处（Nass & Moon, 2000; Mou & Xu, 2017），强调消费者会将社会规范应用于人机互动。然而，消费者如何认知和区分人工智能与人类在线客服的特点仍具有很大的研究空间，尤其在不同情境下的比较研究不足。

对于人工智能的应用情境研究尚不够全面。现有研究主要关注人工智能在医疗、金融和电话销售等领域的应用（Trippi & Turban, 1992; Fethi & Pasiouras, 2010; Longoni et al., 2019; Luo et al., 2019），并发现消费者对于人工智能在这些领域的态度有所不同。然而，人工智能已经广泛应用于消费领域，取代了人类为消费者提供服务的角色。目前，对于人工智能在消费领域的研究仍然较为有限，需要进一步深入探索。

对于人工智能的影响方面关注不足。大部分研究集中在人工智能对于消费者使用意愿、购买意愿和消费行为的研究（Čaić et al., 2019; Hertz & Wiese, 2019; Longoni et al., 2019; Luo et al., 2019），但对于人工智能可能对其他方面产生的影响尚未充分研究。这使得现有研究在探讨人工智能对消费者与企业互动的影响方面显得相对不足。

综上所述，本书认为，与企业互动是一个关键领域，可用于深入探讨消费者对于人工智能的态度，同时也对企业的作用产生更加明显的影响。相比于人类，人工智能的使用是否能提高消费者与企业的互动意愿并改变消费者与企业互动的行为，这是一个值得深入研究的问题，但在现有研究中并未获得明确的答案。

3

消费者对人工智能客服与人类客服的认知差异

随着人工智能技术的不断成熟，它在服务领域的应用越来越广泛。在在线平台上，人工智能的使用范围不断增加，人类客服的角色逐渐被取代。然而，消费者对于人工智能客服的态度各不相同。有些消费者认为人工智能能够有效地解决问题（Zhang et al., 2020），而有些消费者在知道他们正在与人工智能客服互动时，可能会立刻寻求人类客服的帮助，甚至会降低他们对产品或服务的购买意愿（Luo et al., 2019）。因此，如何明智地应用人工智能以提升消费者的积极态度成为企业关注的焦点。在实现这一目标之前，首要任务是充分识别人工智能与人类客服之间的本质区别，以便企业可以更好地针对不同情境作出相应的决策。

尽管已有一些研究关注了消费者对人工智能客服的态度（Longoni et al., 2019），但关于这两者本质区别的研究相对较少。因此，本章采用探索性研究的方法，旨在深入探讨人工智能与人类在线客服之间的本质区别。通过这一研究，将有助于更全面地理解这两者之间的异同，为企业提供更明智的决策依据。

3.1 认知探索流程

本章的实验是本书研究的基础，旨在搜集消费者对在线平台中的人工智能的认知，以及对人工智能在线客服和人类在线客服的认知差异，从而获取消费者对在线平台人工智能的认知定位和感知差异。本章使用的数据源自二手数据和开放问答问卷。本章的二手数据主要来自知乎等平台，并根据关键词收集人们的观点；开放问答问卷则分别设置在中国的问卷搜集平台——问卷星和美国的问卷搜集平台——MTurk。通过对数据的搜集和清理，本章希望能发现人们在面对人工智能服务员和人类服务员在认知上的本质区别。

本章共搜集1 200份数据，最终有效数据为945份。

3.1.1 二手数据法

首先，使用Python编写爬虫程序，以关键词"人工智能"在知乎上进行搜索，搜集所有包含该关键词的问题和相应的回答。其次，手动清洗数据，将重复的回答和无用的回答进行筛除，确保数据的质量和可用性。

3.1.2 开放问卷法

本研究使用了两个问卷平台，分别是中国的问卷星和美国的MTurk，用以搜集人们对在线人工智能服务员的看法。问卷中包含的问题有："你如何看待线上人工智能客服？"；"你与在线人工智能客服进行沟通时,是否存在与人类客服沟通不同的情况?如果有,这些差异具体体现在哪些方面?";等等。问答收集完成后,手动清洗数据,筛掉重复的回答和无用的回答,确保数据的可用性和准确性。

3.2 人工智能客服与人类客服的认知差异

人们对人工智能在线客服的态度有好有坏,人工智能的优点主要有高效率、专业化程度高、无情绪等,人们的具体说法如下所示:

> 人工智能7×24小时全天候在线,不用吃饭,不会疲惫,不会闹脾气,人力成本更低,服务质量可标准化。
> 智能客服机器人可以处理那些简单的、重复的问题。
> 人工智能可以多渠道地同时接待客户,服务效率更高,响应速度更快,能接待更多客户。
> 人工智能在与客户沟通的过程中,系统实时生成相应的报表,多维度挖掘数据,统计更完善便捷。

人们对人工智能的缺点也是十分在意的,由于人工智能是问题导向型,针对于消费者的问题进行回应,所以,回答问题时十分机械化,不会变通,也没有人情味等。人们的具体说法如下所示:

而人工客服的主要优势在于对情感的感知能力,例如,当客户对服务不满意时,人工客服能够适时地察觉,并给予客户关怀和安抚,这是机器人目前还不具备的。因此,选择人机协同接待客户是企业的最好选择。

AI客服难以觉察到客户一些语气、情绪和言下之意。AI客服最多能解读客户的字面意思,但他们想表达的真实意思AI客服不一定能解读到,会造成很多信息误解或者遗漏,严重地影响客户体验。如果再由人工客服进行二次干预,必定会造成效率更低。

人与人之间是有情感交流传达的,我的急切、我的疑虑、我的感谢、我的放心,只有在对面是人的时候才有意义吧。

根据对人们回答的关键字进行提取以及频率总结,人们对在线人工智能服务助手最普遍的认知,包括机械化、无感情、死板、有效率、冷漠等,具体认知如图3-1所示。

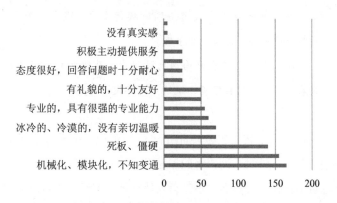

图3-1 人们对在线人工智能服务者的认知

3 消费者对人工智能客服与人类客服的认知差异

本章根据人工智能在线客服与人类在线客服在认知和情感这两个维度进行比较,总结出人工智能在线客服与人类在线客服的相同之处和不同之处,具体如表3-1所示。

表3-1 人工智能在线客服与人类在线客服比较

认知水平		情感水平	
人工智能与人类相同之处	人工智能与人类不同之处（仅列出人工智能部分）	人工智能与人类相同之处	人工智能与人类不同之处（仅列出人工智能部分）
理性分析	认知机械化,灵活性差	情感回应	无法共情
认知识别	反应效率更高	礼貌	冷漠,不温暖
专业能力	专业能力更高	态度好	情感回应生硬
	目标导向型	有耐心	虚假
	更主动		
	追求最优解		
	缺乏社会规范		

3.3 小结

本章呈现了消费者在对待在线人工智能服务者时的广泛认知图景,同时也证实了本书最初的研究设想,即消费者在处理人工智能服务者与人类服务者时存在认知上的差异。此外,本章进一步细化了消费者对人工智能服务者认知差异的具体表现特征,从而有助于更全面地理解人工智能服务者在消费者态度和行为上产生的本质影响。这有助于更好地探讨人工智能服务者如何影响消费者的态度和行为。

本章研究了消费者对人工智能在线客服和人类客服在认知上的差异。尽管消费者普遍认为人工智能在线客服和人类客服在认知能力和情感能力方面存在某种相似性，但本章结果表明消费者更倾向于认为人工智能在认知能力方面更为可靠，给予了更高的评价，在情感能力方面，消费者对人工智能的评价较低。这也验证了过去关于人工智能类人特征的研究发现（Gray & Wegner, 2012; Loughnan & Haslam, 2007）。

本章深入研究了消费者对人工智能认知的具体差异，为后续章节人工智能对消费者定制化态度的研究提供了重要的基础和依据。本章结果将为本书后续的研究提供坚实的基础，以深入探讨人工智能对消费者态度的影响。

4

定制化早期人工智能对消费者

参与意愿的影响效果

从企业实践的视角来看，消费者参与定制化是影响企业成功的重要因素（Chan et al., 2010）。随着中国工业4.0的到来，智能化、互联化的虚拟空间成为企业生存所必需的。因此，随着高级技术的普及，越来越多的中国消费者（约占83%[①]）开始重视满足其独特需求，定制化被视为企业未来发展的趋势（张凌云，2012）。据中华网2018年的报道，中国目前大约有70%的家具公司都在采用定制加工的方式生产家具产品。科技新闻网站CNET的相关报道显示，在携程——总部位于上海的在线旅游网站——上，有超过50%的订单要求部分或完全定制旅程。[②]消费者参与定制化能提高其对企业的投入度，并进一步为企业带来经济效益。消费者参与定制化既是消费者对企业的认同，也是消费者忠诚的第一步（Coelho & Henseler, 2012; Kasiri et al., 2017）。

---

① 数据源自振工链：《"定制化未来"：亚太地区的消费者将从工业4.0中受益最多》（2020年11月6日），知乎专栏，https://zhuanlan.zhihu.com/p/275831457，访问日期：2024年3月1日。

② 数据源自刘玉坤：《消费升级时代 个性化多样化定制化成趋势》（2018年6月7日），中国日报网，http://cn.chinadaily.com.cn/2018-06/07/content_36347526.htm，访问日期：2024年3月1日。

从理论的角度看，消费者参与定制化是价值共创的一种形式，表示消费者与企业一起创建价值（Chang & Chen, 2008; Teng, 2010）。它也是一种有效表达消费者特殊需求的方式，使消费者可以在产品或服务中满足他们的个性化要求。因此，消费者经常使用定制化产品来展示他们的个人身份和形象（Belk, 1988; Pierce et al., 2003; Kwon et al., 2017）。由于参与定制化需要投入时间、精力以及个人的价值观和偏好，因此，消费者通常会选择符合他们偏好的产品进行定制化。此外，通过参与定制化过程，消费者的产品涉入度通常会增加，并可能在产品后续的宣传推广中发挥积极作用（Merle et al., 2010; Yoo & Park, 2016）。

影响消费者参与定制化意愿的既有研究往往聚焦于产品视角和消费者特质视角。前人研究着重于从定制化产品细分的视角和产品特征的视角来研究对消费者参与定制化意愿的影响。其中，对于定制化产品细分视角，相较于按照替代产品细分的定制化产品，按照属性进行细分的定制化产品能降低消费者的选择困难，从而提升消费者参与定制化的意愿（Pierce et al., 2003）。定制化产品过度细分可能激发消费者的最大化倾向，导致消费者选择困难，从而降低消费者参与定制化的意愿（Nardini & Sela, 2019）。另外，产品的可视性、玩乐性、易用性、兼容性和个性展现等要素都会促进消费者参与定制化的意愿（Fiore et al., 2004; Heidenreich & Handrich, 2015）。从消费者特质的视角看，消费者感知的自我效能感、个人创新能力、追求创新、对控制的需求也会促进消费者参与定制化（Fiore et al., 2004; Heidenreich & Handrich, 2015）。已有研究都统一默认定制化的提供者是企业，暂无研究深入探讨定制化服务的提供者的不同对消费者参与定制化意愿的影响。然而，

4 定制化早期人工智能对消费者参与意愿的影响效果

随着人工智能不断地被引入服务业并取代人类服务员提供定制化服务时，定制化的提供者从原始单一的人类服务员变为人类和人工智能兼有，基于人工智能与人类存在本质上的不同，并且前人研究也证明相较于人类，人工智能会带来消费者行为上的巨大差异（Mende et al., 2019; Appel et al., 2020; Luo et al., 2019; Longoni et al., 2019），那么人工智能与人类对于消费者定制化参与意愿是否会产生不同的作用，哪一种在线客服能促进消费者定制化参与意愿也是企业关注的话题。因而，本章探讨了人工智能在线客服（相较于人类在线客服）对消费者定制化参与意愿的影响，以及背后的内在机制和边界条件。

4.1 定制化早期的自我呈现顾虑

基于已有关于定制化和人工智能的研究，本章认为相对于人类在线客服，人工智能客服更有可能增强消费者参与定制化的意愿，其中的中介变量是自我呈现顾虑。自我呈现顾虑是指在社会互动中，消费者对于如何呈现自己的形象感到担忧（Goffman, 2016）。人工智能在线客服因被认为缺乏社会规范，通常不会对他人进行评判，这有助于减轻消费者在社会互动中对自我形象的顾虑，促使他们更愿意展示自己（Mou & Xu, 2017; Kwon et al., 2017）。这种自我呈现顾虑的降低进一步增强了消费者参与定制化的意愿。此外，本章还使用了消费者的自我意识作为调节变量来进一步验证中介变量的效应。当消费者高度关注自我意识时，自我呈现顾虑对定制化意愿的影响更为显著（Shim et al., 2016;

Barasch et al., 2018）。这一效应还受到敏感信息披露的调节作用影响。这是因为信息的敏感程度会影响消费者对自我形象的在意程度。由于消费者通常会更在意对敏感信息的自我呈现（Tice et al., 1995），因此，在涉及敏感信息披露的情境下，人工智能在线客服能进一步减轻消费者的自我呈现顾虑。本章将从理论框架和相关文献出发，深入探讨上述推断过程。

4.1.1 定制化与自我展示

定制化是一对一营销的一种形式，指的是消费者根据自己的具体需求指定其营销组合的一个或多个要素，使得最终产品更好地满足他们的需求（Arora et al., 2008; Hu et al., 2016）。根据Levy（1959）提出的消费象征意义——"人们购买某个产品不仅仅是因为该产品的功能，还因为该产品对于他们的意义"，定制化更是消费者展现自我的方式（Atakan et al., 2014a, 2014b; Miceli et al., 2013）。消费者在定制化的过程中会积极地投入自己的时间、努力、价值观和目标，因此，定制化产品将成为他们扩展的自我（Mittal, 2006; Kang & Sundar, 2013; Kang & Lee, 2015），增强其自我意识。也正是自我价值在产品中的融入，使得消费者可以通过产品展现独特的自我和自我认同，是消费者自我身份的独特展现形式（Kaiser et al., 2017; Kwon et al., 2017）。

4.1.2 自我呈现理论

自我呈现理论认为，社会个体在社会互动中会通过始终如一

4 定制化早期人工智能对消费者参与意愿的影响效果

的行为和技巧来向他人呈现自己所期望的印象，这一过程即所谓的印象管理（Goffman, 1978）。自我呈现所需的社会行为往往是以消费为导向的，依赖于个人展示符号、品牌和实践来传达期望的印象（Williams & Bendelow, 1998）。

过往研究主要是基于面对面的社交交互情景来研究自我呈现的作用和策略。前人的研究发现，个体可以通过自我呈现管理来收获社交或物质上的奖励，固化社交互动中的身份，增强自尊，降低社会矛盾（Valkenburg et al., 2005; Pounders et al., 2016）。与此同时，个体会通过一些策略来操控自我呈现，包括力争、恳求、自我提升、讨好、亲社会等行为（Bolino et al., 2008）。因此，个体在社交互动中往往都会采取各种策略来维持一个积极的形象。随着技术为个体自我呈现提供了新的环境，越来越多有关自我呈现的研究开始基于线上平台的互动情景，例如，在Instagram、Facebook等社交平台，Match.com、Eharmony.com等约会平台，以及一系列游戏在线平台。在线沟通中，个体会根据沟通对象的不同来调整自我呈现的方式（林敬梓，2018）。例如，在约会平台上，男性倾向于报告比实际情况略高的身高，而女性倾向于展现比实际身材更苗条的数据（Hancock et al., 2007）。这种轻微夸张的自我呈现，主要是因为用户既想诚实地表现自我，又想要给对方留下深刻的积极印象（Walther et al., 2008）。在社交网络平台中，博客用户通常会显示自己的名字、联系方式、年龄和地址来呈现自己的身份，这种精确的自我呈现是因为博客的访问者往往是自己的亲朋好友（Vassalou & Joinson, 2009），Facebook用户则会上传更迷人的自拍照和积极的语言来获得他人的高评价。在游戏在线平台上，男性用户有时会将自己的身份调整为女性，从而获得其他游戏玩家的关注和帮助（Bruckman, 1996），还会通过显示自己的游戏品质（如竞争性、侵略性）来展现自己的身份，从而战略性地操纵其他玩家（Riegelsberger et al., 2006）。因此，即便是在没有面对面接触的在线互动里，个体仍然会向外展示更积极的自我形象。

在社交互动领域，自我呈现成为人类社会行为的一个基本面向，影响着人际印象形塑与关系构建，这对于理解用户的互动行为至关重要。个人与他人的社会互动塑造了人们对自身的看法，这起到了向他人展示期望的自我形象的作用（Rosenberg & Egbert, 2011）。从本质上讲，社交互动具有对他人进行评价或判断的潜力，这可以显著影响后续交往的结果（Leary & Kowalski, 1990）。因此，社交互动常常会提高用户对自我展示的关注（Schlenker, 1980）。

对自我呈现的顾虑会根据交互目标的特征进行调整，诸如社会特征（包含社会关系和社会规范）（Duan et al., 2020; Hancock et al., 2007）。例如，个人在与亲密关系的对象互动时往往表现出较少的自我呈现顾虑（Ljepava et al., 2013）。Vasalou 和 Joinson（2009）发现，用户在社交平台上与亲近的朋友或亲戚互动时会表现出较少的自我呈现顾虑，并分享更真实的信息，而他们在公开社交平台上往往具有更高的自我呈现顾虑，选择自我增强的呈现方式，如展示迷人的自拍照、积极的评论等。在客户服务的情境中，服务情景（公开或私密）也会影响消费者的自我呈现顾虑（Sundar et al., 2017）。很明显，互动的背景和社交特征在塑造自我呈现顾虑方面起着重要作用。鉴于人工智能客服具有拟人化特征，因此，可以合理地预期用户的自我呈现顾虑也会影响他们与人工智能客服的互动。

4.1.3 人工智能与自我呈现顾虑

在人际互动中,社会规范是影响人们行为举止的一个重要因素(Burgoon & Jones, 1976)。比如,考虑到他人的道德监督和道德判断约束,个人会礼貌待人并且避免做出侵犯他人隐私的行为。然而,在人机互动中,社会规范并不适用,人工智能缺乏人类的判断能力和人应该掌握的社会规范(Mou & Xu, 2017)。因而,在面对人工智能时,人们会产生不同的行为。此外,消费者往往认为人工智能缺乏情感能力,认为后者"没有感情,没有情绪反馈"(Haslam & Loughnan, 2014)。当消费者面对人工智能时,他们认为人工智能不会对他们的形象作出人类会做的判断和评价,此时,消费者在人工智能面前对自我形象的焦虑会降低(Zhu & Deng, 2021),自我呈现的顾虑会降低。而当消费者面对人类客服时,人类是会根据自己所有的价值观和社会规范去判断他人的行为,因而在人类面前,消费者对自我形象的焦虑会增加,自我呈现顾虑也会大幅增加。

类似地,在面向用户的交流过程中,个体会进行印象管理,重点是呈现他们期望的自我形象。对消极评价的顾虑驱使用户积极关注自我呈现,采用积极的印象管理策略。因此,在与人工智能客服进行沟通时,消极评价的顾虑减轻,用户在互动中往往会体验到较低水平的自我呈现顾虑(Zhu & Deng, 2021)。然而,在用户与人类客服进行沟通时,人类客服具有足够的情感能力来根据其价值观和社交规范判断他人的行为,这会增加用户在互动中的自我呈现顾虑。因此,在面对人类客服时,用户对自我呈现的顾虑将显著增加。

自我呈现顾虑在互动中起着关键作用,对整体交流体验产生显著影响（Baumeister, 1982）。在这个背景下，互动意愿指的是用户参与互动的倾向或准备，是评估沟通体验的关键变量（Fraune et al., 2020）。具有较高自我呈现顾虑的用户倾向于担心可能受到评判或拒绝，这反过来降低了他们与他人的沟通倾向，减少了其自我相关信息的披露（Jensen Schau & Gilly, 2003; Shim et al., 2008）。例如，Choi和Sung（2018）发现，自我呈现顾虑较高的用户更不愿披露自己。因此，当用户面临高度自我呈现顾虑时，他们表现出较低的沟通意愿，并减少自我信息的披露和互动。正如Zhu和Deng（2021）所证明的那样，在与人工智能客服交流时，用户的自我呈现顾虑倾向降低，从而增加了后续的互动意愿。相反，在涉及人类客服的互动中，用户往往会更加关注自我呈现，从而互动意愿随之降低。

研究假设1：与人类客服相比，人工智能客服更能提升消费者定制化的参与意愿。

研究假设2：在线客服对消费者定制化参与意愿的影响受到消费者自我呈现顾虑的中介作用。

4.1.4 公众自我意识

根据自我呈现理论，消费者的个体差异包括消费者的文化背景、性别、自我监控能力和个性等，这些个体差异会影响消费者的自我呈现顾虑。研究人员认为，消费者对自我形象的在意程度——自我意识会影响消费者对自我形象呈现的顾虑（王井云, 2011; Barasch et al., 2018）。

自我意识（self-consciousness）指的是个体将注意力指向内在或外在自我相关方面的倾向（Doherty & Schlenker, 1991）。自我意识包括公众自我意识（public self-conscious）和私人自我意识（private self-conscious）。其中，公众自我意识是指注意自己的外在形象并关注给他人留下好印象的倾向，而私人自我意识指将注意力集中在自我的内在和隐形方面（Schlenker, 1980; Cheek & Briggs, 1982; Greenwald et al., 1988）。两者最大的区别是：私人自我意识偏向于个人认同，公众自我意识则倾向于社会认同。通常所说的消费者注意的自我形象，往往指的是消费者的公众自我意识，公众自我意识高的人更有可能关注他人如何看待他们，而不是他们私下的感受或者想法，并会因此采取行动来改变自己的外在形象。

人工智能客服对自我呈现顾虑的影响的核心是用户对自我呈现的担忧。基于自我呈现理论，用户的公众自我意识水平被认为是自我呈现的重要个体差异影响因素。公众自我意识反映了用户在公众场合中对自我形象关注的倾向（Cheek & Briggs, 1982; Greenwald et al., 1988）。具有较高公众自我意识水平的人，往往更关注他们的自我呈现（Barasch et al., 2018; Murtarelli et al., 2021; Shim et al., 2016）。例如，具有较高公众自我意识的用户更有可能发布突出积极社交品质的关系照片（Shim et al., 2008），使用积极的情感词汇来更新公共个人动态（Bazarova et al., 2013），并更加关注他们在社交平台上的印象管理（Barasch et al., 2018; Shim et al., 2016）。基于此，与具有较低公众自我意识的用户相比，具有较高公众自我意识关注的用户更加强调自我呈现，此时，自我呈现顾虑的影响更为显著。

基于此，本章提出具有高公众自我意识的用户会更关注他们的自我呈现。在这种情况下，人类客服的存在会加剧用户对来自人类客服的社会评价的恐惧。与人工智能客服相比，人工智能客服将导致较低的自我呈现顾虑，从而促使用户表现出更高的互动意愿。相反，具有较低公众自我意识的用户则更少关注他们的自我呈现，使得不同类型的在线客服对他们的自我呈现顾虑和后续互动意愿影响的差异不那么显著。

研究假设3：公众自我意识会通过用户的自我呈现顾虑来调节在线客服对用户参与意愿的中介关系。具体而言，对于公众自我意识较高的用户而言，间接效应比公众自我意识较低的用户更为显著。

4.1.5 敏感信息披露

除了个人特征，本章的研究还从情境因素中考察了第二个调节因素，即敏感信息披露。敏感信息披露是指需要用户分享与个体有关或可追溯的私人信息情境，如健康、财务、教育和就业等（Bansal et al., 2016）。这源于先前的研究揭示了在互动中敏感话题可以成为用户自我呈现顾虑的另一个重要影响因素（Paulhus et al., 1995）。具体而言，当用户被要求披露敏感信息时，他们往往会生发更高的自我呈现顾虑，这主要是因其担忧他人评价（Schneider, 1969; Tyler et al., 2016）。

在用户与人工智能客服互动的背景下，敏感信息披露也会影响用户的自我呈现。与非拟人化的客服相比，拟人化的在线客服导致用户规避披露真实且尴尬的信息（Schuetzler et al., 2018）。这种现象在各种情境中都颇为普遍。例如，在任务表现情景中，用

4 定制化早期人工智能对消费者参与意愿的影响效果

户与人类客服互动时的表现比独自表现或与人工智能客服互动时的表现更差（Hoyt et al., 2003）。在涉及敏感健康话题的情境中，用户偏好机器人伙伴而不是人类伙伴（Nadarzynski et al., 2019）。这些发现表明，在线客服的人类特征有时可能会干扰用户参与互动的意愿。因此，在涉及可能引发评价忧虑的敏感信息披露情境下，以其有限的人类特征为特点的人工智能客服，实际上可能会比人类客服更加增强沟通体验和结果。

因此，本章提出，当用户与在线客服互动时，敏感信息也会影响用户的自我呈现顾虑。人工智能客服被认为缺乏独立思考的社交能力和遵守社交规范的能力，这导致用户认为人工智能客服不会像人类客服一样对他们进行评头论足。因此，用户可能不用太在意形象管理，从而更愿意向人工智能客服披露敏感信息（Lucas et al., 2014）。自我呈现顾虑的降低则可以增强用户后续的参与意愿。相反，在涉及非敏感信息披露的情境中，用户的自我呈现顾虑将在很大程度上降低，因此，特定情境因素（如沟通效率、感知同理心）在互动中更为重要。在这种情况下，与人类客服交流时，自我呈现的顾虑大大减少（如图4-1所示）。

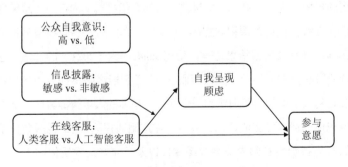

图4-1 本章研究假设模型

研究假设4：敏感信息披露会通过用户的自我呈现顾虑来调节在线客服对用户参与意愿的中介关系。具体而言，相较非敏感信息披露情境，间接效应在敏感信息披露情境更为显著。

4.2 参与意愿与自我呈现顾虑的中介效应探索

实验1的目的是测试相较于人类客服，用户是否更愿意与人工智能客服互动及其背后的机制（研究假设1和2），因为用户在与人工智能客服互动时拥有更少的自我呈现顾虑。实验1通过实用情景（即教育）模拟在线交流过程，以调查用户对人工智能客服与人工客服的互动意愿。

4.2.1 设计和方法

实验1进行了一项组间设计（在线客服：人工智能客服 vs. 人类客服），通过专业在线调查网站问卷星招募了109名参与者并提供一定的报酬。首先，参与者被呈现相同的介绍材料，内容为"想象你正在在线搜索英语课程以提高英语水平"。然后，参与者被随机分配到两种在线客服情景之一。使用Sands等人（2021）的方法，这项研究操纵的变量为"在线客服"。人工智能客服条件下的参与者会看到人工智能客服图像和"你好，我是你的人工智能客服，请告诉我你的情况并完成评估，我将为你定制课程"。人类客服条件下的参与者则会看到人类客服图像，以及"你好，我是你的人工客服。告诉我你的情况并完成评估，我将为你定制课程"。

查看信息后，参与者被要求回答他们刚刚是与人工智能客服或人工代理交谈作为操纵检验测试（1=人工智能，7=人工代理），并对自我呈现顾虑进行评分（Barasch et al., 2018）（3项测量题，α=0.83，例如，"与人工智能客服交谈时，您有多担心"和"与人工智能客服交谈时，您在多大程度上试图控制自己的印象"；1=强烈不同意，7=强烈同意）以及参与意愿（Fiore et al., 2001）（4项测量题，α=0.89，例如，"你是否愿意花费时间参与定制化"；1=非常不同意，7=非常同意）。同时，本实验还考察了参与者的性别和年龄。最终，12名参与者的回复因与指定条件不符而被剔除，合计97名参与者样本（年龄范围=18—60，$M_{年龄}$=30.35[①]，56.7%为女性）被纳入数据分析。

4.2.2 实验结果

操纵检验： 与人类客服组相比，人工智能客服组的参与者更倾向于认为他们在与人工智能客服的对话（$M_{人工智能}$=3.26, SD=1.05; $M_{人工}$=5.02, SD=1.12; t=8.00, $p<0.001$）。

参与意愿： 正如这项研究预测的那样，在线客服影响了用户的参与意愿。独立样本t检验显示，人工智能客服组的用户参与意愿显著高于人类客服组（$M_{人工智能}$=4.68, SD=1.04; $M_{人工}$=3.94, SD=1.23; t=3.17, $p<0.005$）。

自我呈现顾虑的中介作用： 独立样本t检验显示，人工智能客服组中用户的自我呈现顾虑显著低于人类客服组（$M_{人工智能}$=3.67,

---

[①] M表示均值。$M_{年龄}$指年龄的均值。下文不再赘述。

SD=1.41; $M_{人工}$=4.40, SD=1.44; t=-2.55, p<0.05）。为了检验自我呈现顾虑是否会对在线客服与用户参与意愿产生中介效应，在SPSS软件中安装PROCESS插件（v. 2.16.3, Hayes 2017）后，选择在线客服（人工智能 vs. 人类）作为自变量，中介变量为自我呈现顾虑，因变量为定制化参与意愿，依次将变量选入对应的选项框中。随后选择模型4，设定样本量为5 000，置信区间置信度选择95%。中介分析首先报告了回归结果。结果显示，在线客服显著正向影响消费者的自我呈现顾虑（b=0.74, se=0.29, t=2.55, p<0.05）。中介效应检验结果表明，在95%置信区间下，自我呈现顾虑的中介效应的置信区间为［0.01, 0.31］（b=0.14, se=0.08; 不包含0）。这表明自我呈现顾虑的中介效应显著。综上所述，中介效应得到验证。研究假设2成立。

4.3 公众自我意识的边界效应分析

实验2的目的是检验用户的公众自我意识是否会通过自我呈现顾虑影响用户的参与意愿（研究假设3）。此外，为了扩大结果的普适性，实验2进一步在享乐情境（旅行）中进行了在线实验。

4.3.1 设计和方法

这项组间实验（在线客服：人工智能客服 vs. 人类客服）是在问卷星上开展的，共招募了186名参与者并给予金钱奖励。首先，参与者被要求填写公众自我意识量表（Barasch et al., 2018）（13项量表，α=0.90，例如，"我担心我的做事风格"；1=强烈不同意，7=

强烈同意）。然后，每个参与者被随机分配到不同的在线客服沟通情境，参与者被要求阅读有关介绍的背景材料。在人工智能客服组中，向参与者展示了一个人工智能客服头像和"在人工智能客服的帮助下，在'CT'应用程序上计划你的下一个假期"；在人类客服组中，向参与者展示了一个人类客服头像和"在人工代理的帮助下，在'CT'应用程序上计划您的下一个假期"。阅读背景材料后，要求参与者填写注意力检查问题、操纵问题、自我呈现顾虑度测量项目（Barasch et al., 2018）、互动意愿（Fiore et al., 2001）、性别和年龄。剔除注意力检查失败的参与者后，共有165名参与者（年龄范围=18—60，$M_{年龄}$=32.46，53.9%为女性）被纳入数据分析。

4.3.2 实验结果

操纵检验： 与人类客服组相比，与人工智能客服组互动的参与者更倾向于认为他们在与人工智能客服对话（$M_{人工智能}$=3.31, SD=1.01; $M_{人工}$=4.62, SD=1.15; t=7.75, $p<0.001$）。

参与意愿： 如本章所预测的，回归分析显示，在线客服与用户的公开自我意识之间的交互对用户的参与意愿有显著影响 [$F(1, 161)$=14.85, $p<0.005$]。为了细致地理解这种交互作用，简单效应分析显示，仅对于具有较高公开自我意识的用户（通过中位数分割进行分类），在线客服对用户的参与意愿具有显著影响 [$M_{人工智能}$=5.49, SD=0.65; $M_{人工}$=4.55, SD=0.89; $F(1, 161)$=13.75, $p<0.001$]。对于公开自我意识较低的用户，在线客服对用户的互动意愿没有显著影响 [$M_{人工智能}$=4.30, SD=0.85; $M_{人工}$=4.40, SD=1.06; $F(1, 161)$=0.89, $p>0.1$]。

中介作用： 独立样本t检验显示，与人类客服组相比，人工智能客服组的用户自我呈现顾虑显著较低（$M_{人工智能}$=3.80, SD=1.57; $M_{人工}$=4.56, SD=1.44; t=-3.22, p<0.05）。打开SPSS软件中的PROCESS插件（v. 2.16.3, Hayes 2017）后，将在线客服（人工智能 vs. 人类）选为自变量，自我呈现顾虑选为中介变量，定制化参与意愿选为因变量，选择模型4，设定样本量为5 000，置信区间置信度选择95%。中介效应检验结果表明，在95%置信区间下，自我呈现顾虑的中介效应的置信区间为［-0.83, -0.25］（b=-0.54, se=0.15，不包含0）。这表明自我呈现顾虑的中介效应显著。综上所述，中介效应得到验证。研究假设2成立。

公众自我意识的调节作用： 为了分析公众自我意识的调节作用，参考Preacher和Hayes（2004）提出的Bootstrap方法检验调节效应。在SPSS软件的PROCESS插件（v. 2.16.3, Hayes 2018）中，将在线客服（人工智能 vs.人类）选为自变量，公众自我意识选为调节变量，自我呈现顾虑选为中介变量，消费者定制化参与意愿选为因变量，选择模型7，设定样本量为5 000，置信区间置信度选择95%。调节检验分析发现，自我呈现顾虑的中介作用只有在消费者具有高公众自我意识时才显著（b=0.25, SE=0.08, 95% CI=［0.11, 0.42］）。当消费者具有低公众自我意识时，自我呈现顾虑的中介作用不显著（b=0.01, SE=0.07, 95% CI=［-0.14, 0.15］）。研究假设3成立。

4.4 敏感信息披露的边界效应分析

实验3的目的是测试敏感信息披露的调节效应，进一步测试自我呈现顾虑是否影响用户互动意愿（研究假设4）。用户的公众自我意识是一种个人特征，难以由公司操纵，并缺乏实际指导。实验3引入信息披露作为一个重要且具有管理意义的调节因素，并通过需要重要信息分享的情境进行了检验。

4.4.1 设计和方法

实验3采用2（在线客服：人工智能客服 vs. 人类客服）×2（信息披露：敏感 vs. 非敏感）的组间设计。在这项实验中，参与者被随机分配到四种不同情境中的一种，并完成评估。这项实验从问卷星招募了一组独立的参与者，共计355人，并给予金钱报酬。

首先，参与者被随机分配到四个实验条件中的一个。按照Konya-Baumbach等人（2023）的方法，在非敏感信息的干预下，参与者被要求购买治疗普通感冒的药物；在敏感信息情境下，参与者则被要求通过在线沟通购买增加性欲的药物。实验中嵌入了一个预设计的聊天脚本，以还原在线互动。接下来，在人工智能客服组，参与者看到一个机器人头像，上面写着"你好，我是你的人工智能客服，如果你需要帮助，我会很高兴为你提供帮助"；在人类客服组，参与者看到一个人类头像，上面写着"你好，我是你的人工客服，如果你需要帮助，我会很高兴为你提供帮助"。参与者需要根据情境输入他们的需求。在阅读背景材料后，参与者被要求填写信息敏感度感知的注意力检查问题、自我呈现顾虑的测量项目、参与意愿、性别和年龄等。在移除未通过注意力检查的参与者后，共有306名参与者（年龄范围=18—60，$M_{年龄}$=30.58，59.15%为女性）被纳入在数据分析中。

4.4.2 实验结果

操纵检验：敏感信息披露的操纵是成功的，结果显示，参与者在敏感信息披露情境（$M_{敏感}$=5.60, SD=0.92）中的感知度比非敏感信息披露情境（$M_{非敏感}$=3.60, SD=1.51, t=14.15, $p<0.001$）更高。在线客服的操纵也是成功的，与人类客服组相比，人工智能客服组的参与者认为他们更多地在与人工智能客服进行对话（$M_{人工智能}$=3.32, SD=1.21; $M_{人工}$=5.11, SD=1.05; t=-13.82, $p<0.001$）。

互动意愿：独立样本t检验显示，在线客服对用户的参与意愿具有显著影响。具体而言，相较于人类客服，人工智能客服可以显著增加用户的参与意愿（$M_{人工智能}$=4.99, SD=0.96; $M_{人工}$=4.43, SD=1.05; t=4.88, $p<0.001$）。

敏感信息披露的调节作用：为了分析敏感信息披露的调节作用，参考Preacher和Hayes（2004）提出的Bootstrap方法检验调节效应。在SPSS软件的PROCESS插件（v. 2.16.3, Hayes 2017）中，将在线客服（人工智能 vs. 人类）选作自变量，敏感信息披露选作调节变量，自我呈现顾虑选作中介变量，消费者定制化参与意愿选作因变量，选择模型7，设定样本量为5 000，置信区间置信度选择95%。结果显示，当用户披露敏感信息时，自我呈现顾虑存在显著的中介作用（b=0.70, SE=0.16, 95% CI=［0.37, 1.01］），但在用户披露非敏感信息的情境下不显著（b=-0.26, SE=0.17, 95% CI=［-0.60, 0.08］）。这表明信息披露调节了在线客服和用户自我呈现顾虑之间的关系。具体而言，根据简单效应分析，这种效应仅对敏感信息情境显著［$M_{人工智能}$=4.30, SD=1.02; $M_{人工}$=4.99, SD=1.04; $F(1, 302)$=17.73, $p<0.001$］，对非敏感信息情境效应不

显著［M~人工智能~=4.74, SD=1.20; M~人工~=4.48, SD=0.83; $F(1, 302)$ = 2.21, $p>0.1$］。参与意愿仅对敏感信息情境显著［M~人工智能~=5.30, SD=0.82; M~人工~=4.08, SD=1.08; $F(1, 302)$ =66.62, $p<0.001$］，对非敏感信息情境效应则不显著［M~人工智能~=4.69, SD=0.99; M~人工~=4.88, SD=0.83; $F(1, 302)$ =1.36, $p>0.1$］。

4.5 小结

本章旨在探讨人工智能客服对用户参与意愿的影响。相比人类客服，人工智能客服通过自我呈现顾虑可以提高用户的参与意愿。用户在社交互动中往往会关注他人的评价，人工智能客服由于具有较少的社交特征和有限的情感能力，会降低用户的自我呈现顾虑，从而增加他们与人工智能客服进行交流的意愿（Haslam & Loughnan, 2014）。此外，本章的实验结果显示，用户的公众自我意识和敏感信息披露存在调节作用。对于那些拥有较高公众自我意识和关注敏感信息的情境，人工智能客服的影响会更加显著。

这些发现凸显了人工智能客服在在线沟通中的价值，特别是与其他人工智能应用情境（如医疗诊断或电话销售等）相比较（Liu & Sundar, 2018; Longoni et al., 2019; Nadarzynski et al., 2019）。与强调用户身份的其他服务情境不同，用户导向的沟通核心是在互动中获得轻松和愉悦的体验（Zhu & Deng, 2021）。因此，人工智能客服在在线沟通中可以显著减轻互动焦虑并促进参与意愿。自我呈现顾虑的中介效应有助于解释人工智能客服对参与意愿的影响。自我呈现顾虑是预测用户互动意愿的一个关键因素，在以往的人际互动中得到强调（Chu & Choi, 2010; Doherty & Schlenker, 1991）。本章确认了自我呈现也可以应用于人机互动，并作为可能的社会影响因素，这与以前的研究结果一致（Kang & Gratch, 2010; Lucas et al., 2014）。由于人工智能客服缺乏人类具有的足够情感能力，因此，它们更不太可能对他人进行评价，从而减轻了自我呈现顾虑并提高了参与意愿（Haslam & Loughnan, 2014; Loughnan & Haslam, 2007）。

此外，本章还发现了两个有趣的结果。第一，拥有较高公众自我意识的用户显示出更高的参与意愿，这可能是因为他们更关注在社交情境中如何被他人感知。因此，他们可能寻求他人的确认和反馈，以确保他们在社交上的表现是可被接受的，例如，更积极地参与或频繁编辑自拍照（Chae, 2017; Shim et al., 2016）。第二，在非敏感信息披露的情境下，人工智能客服可以引发比人类客服更高的参与意愿。由于互动过程涉及多重心理机制，包括同理心和舒适度体验（Luo et al., 2019; Mende et al., 2019），因此，自我呈现顾虑可能不是非敏感信息披露情境中的主要机制。

4.5.1 理论贡献

本章旨在探讨人工智能客服对用户互动意愿的影响，为研究领域作出了三方面的贡献。

首先，通过采用社交互动的角度扩展了现有的人工智能相关研究。迄今为止，与人工智能客服相关的先前研究主要关注了人工智能客服的任务能力角度对用户态度和服务情境的影响且存在争议（Appel et al., 2020; Longoni et al., 2019; Mende et al., 2019）。

考虑到社交互动将影响人工智能客服的有效性，这项研究强调了人工智能客服可以增强用户的参与意愿，从而拓宽了对人工智能客服有效性的理解。

其次，通过揭示自我呈现顾虑的中介作用，为用户与人工智能客服互动提供了另一个理论上的相关机制。与以往基于任务能力的研究不同，本章揭示了自我呈现顾虑在在线客服对用户互动意愿的影响中的中介作用。结果再次证实了之前的发现，即用户在人际互动中以社交方式对人工智能客服作出反应（Kang & Gratch, 2010; Lucas et al., 2014）。此外，通过测试用户的公众自我意识，在再次论证自我呈现顾虑的中介效应的同时，也有助于自我呈现顾虑的边界效应。

最后，通过引入敏感信息披露的潜在边界作用，在交互情境和对象的理论工作之间架起桥梁。先前的研究从人工智能客服的角度（如拟人化、社会存在）研究了人工智能客服的边界效应（Fethi & Pasiouras, 2010; Luo et al., 2019）。本章从交互情境的角度引入了潜在的边界条件。通过比较人工智能客服和人工代理在沟通中的影响，本章发现人工智能客服可以提升用户在敏感信息披露方面的参与意愿。

4.5.2 实践贡献

本章为将人工智能客服集成到在线通信和服务导向型行业的实际影响提供了宝贵的见解。

首先，本章强调了人工智能客服在在线沟通中的不可或缺的作用，为营销人员提供可行的建议。人工智能客服在减轻用户的自我呈现顾虑方面起到了关键作用，从而增强了用户的参与意愿。因此，对于营销人员来说，在社交沟通情境中战略性地部署人工智能客服至关重要，特别是在增加用户自我呈现顾虑的情境中，如维护面子的情境，人工智能客服可以是一种很好的沟通选择。

其次，本章为营销人员提供了关于在在线沟通中应用人工智能客服的指导。认识到人工智能客服的影响在公众自我意识较高的用户中最为显著，显然，将人工智能客服普遍应用于所有人可能并不是战略上最佳的选择。因此，营销人员在雇用人工智能客服时应考虑用户的公众自我意识，可以根据用户的社交活动进行分类，如社交媒体活动（如频率、内容分享和隐私设置）、个人资料分段和构建数据细分等，以这种方式细分用户并相应地调整人工智能客服的使用，可以产生更有效的结果。

最后，本章还扩展了在线客服的应用情境。鉴于人工智能客服会减少用户的自我呈现担忧，从而提高他们的交互意愿，因此，必须考虑在这种情况下披露敏感信息。为了实现这一目标，企业在选择在线客服时必须确定具体的背景和沟通目标。例如，在处理健康或财务等敏感信息时，人工智能客服可以更好地缓解用户自我展示关注的顾虑。相反，对于非敏感信息，可以根据情境要求选择通信代理。此外，在使用人工智能客服时，尤其是在敏感信息背景下应关注道德问题。

5

定制化中期人工智能客服对消费者预期沟通质量的影响

从企业实践的角度来看，定制化是提高企业竞争力的关键策略之一。通过满足消费者的独特需求，企业可以提高消费者满意度，进而提高自身竞争力。现代消费者不仅关心产品本身的质量，还注重在线购物的全过程质量，包括在线服务的质量、购物效率以及产品的交付过程（Zeithaml, 2000）。在线购物过程的质量直接影响消费者的购买决策、满意度和忠诚度（Zeithaml et al., 2002; Wolfinbarger & Gilly, 2003）。因此，为了在市场中具有竞争力，企业不仅需要提供高质量的产品，还需提供定制化服务，以满足不同消费者的需求（Iqbal et al., 2003）。企业关注如何通过定制化来提高消费者对产品的满意度。随着人工智能技术的快速发展，人工智能在定制化服务中得到广泛应用。人工智能具有快速响应、无情绪等诸多优势，使其成为为消费者提供定制化服务的理想选择。因此，相对于人类服务者，人工智能在线服务者是否会影响消费者对定制化过程的预期质量，是一个备受业界关注的问题。

关于人工智能对消费者态度的影响，现有研究众说纷纭。部分学者认为人工智能能提高消费者的积极态度（Čaić et al., 2019）。

举例来说，相对于社会交往类任务，人们更愿意使用人工智能来处理计算分析类任务（Hertz & Wiese, 2019）。此外，在服务失败的情况下，人们更满意于人工智能的表现（Merkle, 2019）。由于人工智能常被视为"理性的、基于逻辑分析的、没有主观偏差的"，因此，在提供实用价值的产品推荐方面，人们更倾向于信赖人工智能的建议（Longoni & Cian, 2020）。然而，也有一部分学者认为，人工智能可能降低消费者对产品的态度和购买意愿。举例来说，在提供医疗服务的情境中，消费者可能担心人工智能在判断时会忽视个体的独特性，因此对医疗人工智能助手的使用意愿较低（Longoni et al., 2019）。此外，一些消费者可能认为人工智能缺乏专业水平和同理心，因此在面对人工智能电话销售时，可能会降低他们对产品的购买意愿（Luo et al., 2019）。综上所述，关于人工智能对消费者态度的影响，学界观点不一，存在争议，取决于不同情境和任务类型。

人工智能对消费者态度的影响在不同的消费情景下受到影响。在传统的服务情景中，企业主导着提供标准化服务，消费者的选择相对有限。然而，定制化服务情景则由消费者主导，根据其个人需求和偏好提供相应的产品或服务。定制化服务情景强调消费者的个性表达，因为定制化需要消费者付出时间、精力和个人价值，以满足其特殊需求。在这种情境下，定制化产品或服务成为消费者个人价值和身份的表现途径，以有效地满足其独特需求。考虑到这一情景，研究人工智能如何影响消费者的态度具有重要意义。特别是在定制化情境下，消费者追求自我表现和个性化需求，因此，需要深入研究人工智能与人类在线定制化客服对消费者对定制化产品的满意度产生的影响。这包括探讨潜在的内

5 定制化中期人工智能客服对消费者预期沟通质量的影响

在机制和边界条件,以更全面地理解人工智能在定制化情境中的作用。

本章旨在探究人工智能和人类在线定制化客服对消费者定制化产品满意度的影响,同时深入探讨这一影响背后的内在机制和边界条件。这将有助于更好地理解人工智能在消费者主导的定制化情境中的作用,以满足不同消费者的需求和偏好。

5.1 定制化中期的自我关注与同理心

根据与定制化和人工智能相关的研究,本章提出以下观点:相对于人类客服,人工智能客服可能会降低消费者对定制化过程中的预期沟通质量,而这一影响受到自我关注和同理心的连续中介作用。自我关注指的是消费者对与自身属性相关的事物过分关注的过程(Panayiotous & Vrana, 2004)。鉴于消费者普遍认为人工智能在线客服缺乏自主决策能力,不能自主完成高级任务,他们在与人工智能客服互动时,更倾向于关注自身需求(Chang & Chen, 2008)。这种提升的自我关注使得消费者更加注重事物与他们个人偏好的匹配度,降低了他们与他人的共情和理解能力,进而降低了他们对沟通质量的预期。然而,通过采用适当的沟通策略,可以缓解这种效应。这是因为多项选择的沟通策略有助于减轻消费者在定制化过程中所需的付出,从而减弱了人工智能可能引发的过程预期质量感知。接下来,本章将从理论和相关文献出发,详细解释上述推论的过程。

5.1.1 在线客服的自我关注和预期沟通质量

预期沟通质量是CMC中经常使用的用户认知反应测量因子，它突出评估沟通质量的复杂性（Mohr & Sohi, 1995）。过往研究提出了一些可以提高沟通质量的可行策略，如互动性（Chung et al., 2020; Lowry et al., 2009）、来源可信度（Edwards et al., 2014; Westerman et al., 2012）、能力（Chung et al., 2020; Edwards et al., 2014）和社会存在感（Li & Mao, 2015; Nicovich et al., 2005）。同时，沟通对象作为沟通环境中的重要因素，也会深刻影响用户的预期沟通质量感知。人工智能客服和人类客服作为主要的沟通对象，在互动性、社会存在感以及感知能力上均存在显著差异，进而影响用户对预期沟通质量的判断（Araujo, 2018; Chung et al., 2020; Hill et al., 2015）。

因此，我们假设当人工智能客服（相对于人类客服）与用户交流时，用户预期沟通质量会大大降低。这与之前关于用户对人工智能客服的态度和线索过滤理论的研究相一致（Sands et al., 2021; Tsai et al., 2021）。根据线索过滤理论，CMC缺乏语言提示（如语气、声音）和非语言提示（如情绪表达、手势），这使得在线交流中的个性化和互动性降低。而沟通过程中的社会线索可以大大提高CMC的沟通质量（Sadikaj & Moskowitz, 2018）。在缺乏面对面互动的在线交流中，用户变得社交孤立，会更加重视情感互动（Nasaescu et al., 2018）。在CMC中加入社交感和同理心，可以在获得在线用户的信任、使用意图和忠诚度方面发挥重要作用（Hassanein & Head, 2007; Liu, 2021; Luo et al., 2019）。因此，用户将沟通对象的上述特征评估为可以触发对预期沟通质量感知这一认知反应的重要线索。当前的人工智能客服是模仿人类客服来处理人类工作的先进技术，被认为在逻辑驱动的工作中优于人类客服，但在情感驱动的工作中不如人类客服。也就是说，当用户与人工智能客服而不是人类客服进行交流时，他们会收到较少的情感互动，并且倾向于预期较低的服务质量。此外，用户更多地依赖其他线索来确定他们预期沟通质量感知。对于在线交流中的失败情景，当失败归因于人工智能客服而不是人类客服时，用户会更加宽容和满意（Merkle, 2019）。因此，这佐证了用户往往对人工智能客服的预期沟通质量比人类客服更低。

研究假设1：人工智能客服（相较于人类客服）提供的沟通服务会降低预期沟通质量。

多元资源理论提出，注意力是一个资源分配的过程，这一资源既可以向内（朝向自我）分配，也可以向外（朝向他人）分配（Carver & Scheier, 1978）。这两种注意力焦点之间存在权衡，加强一个会减少另一个。当个体将更多的注意力分配给自我时，他们会更加以自我为中心，不太可能关注他人的观点。

以自我为中心的注意力被定义为对内部生成信息的意识（Fenigstein et al., 1975），包括身体感觉、认知和情绪状态。高度自我关注的人会将更多的认知资源引向内部，指向他们的感受和思想，而不是指向外部物体和他人（Mathews & Green, 2010）。当个人更加以自我为中心时，他们不太可能考虑他人的利益或担忧（Chiou & Lee, 2013），而更可能认为他人分享自己的观点，并经常思考自我本身（Fenigstein & Abrams, 1993）。由于以自我为中心的注意力在塑造用户的人际互动行为方面起关键作用，CMC研究人员开始将沟通策略与以自我为中心的注意力联系起来。例如，增加化身的身体特征和个人偏好的定制（Vasalou et al., 2007），并通过真实姓名称呼用户（Duval & Lalwani, 1999）以增强用户的自我关注。

鉴于个人有强烈的默认倾向关注自我，而考虑他人需要更多的时间和努力，只有特定的线索才能触发个人降低自我关注度（Barasch & Berger, 2014）。人工智能客服是只为达成目标而存在的无感情工具，用户在与人工智能客服交流时，往往只专注于解决自己的问题，而忽视沟通的完整性和互动性。与人工智能客服沟通时，只需要弄清本质问题，用户自身的需求就会被优先考虑，将注意力向内引，增加自我关注。相反，当用户与人类客服交流时，人类客服是具有特定身份的特定他人——更具体的"某个人"，在这种情况下，人类客服将减轻用户的自我中心主义（Nelson et al., 2016）。与人类客服交流，需要个人站在他人的视角来组织语言以让对方理解，由此会减少他们以自我为中心的注意力。

> 研究假设2：人工智能客服（相较于人类客服）提供的沟通服务会导致更高的自我关注。

5.1.2 同理心的连续中介作用

同理心被定义为情感反应与对他人经历和感受的认知理解的结合（Simon, 2013）。情感成分是指对他人的关心和同情，而认知成分包括理解他人的感受和想法并采取相应行动的能力（Weisz & Cikara, 2021）。这项实验的重点是同理心处理，这是一种特定情境的认知情感状态，将自己投射到另一个人的感受、行为和经历中。事实上，由于非语言线索的不足，基于线索过滤理论，在CMC中揭示情感的副语言线索正变得越来越重要（Ramirez & Zhang, 2007）。由于用户和沟通对象之间相互理解的必要性，同理心作为一种重要的情感互动是CMC过程中的重要因素（Jiang et al., 2022）。

善解人意的在线客服可能会增加用户与之的互动交流意愿（Aggarwal et al., 2005），并更深入地关注用户的需求和愿望（Homburg et al., 2009），从而导致用户对产品或服务感到更加积极和满意，进一步发展信任和长期关系（Simon, 2013）。此外，善解人意的用户在沟通过程中对在线客服表现出更多的理解和宽容，即使在服务失败的情况下也会体谅在线客服，更愿意接受对服务失败的弥补（Grundke et al., 2022）。

人工智能客服应该表现出与人类客服相似水平的同理心，以提高用户和沟通对象之间的满意度和关系质量。这得到了作为社会行动者的计算机（computers as social actors）范式的支持，该范式认为，用户期望计算机和其他设备（包括人工智能客服）表现得像社会行动者并遵循现有的社会规则（Wang, 2017）。用户期望人工智能客服像人类客服一样具有同理心，但与人类客服相比，人工智能客服仍然局限于解决基本问题，缺乏情感反应、同理心以及处理复杂交流情况的能力（Luo et al., 2019）。作为回应，当与人工智能客服交互时，用户往往对人工智能客服表现出较少的同理心，尽管在与人类客服打交道时，他们之间的相互理解增加了用户的同理心。

> **研究假设3**：人工智能客服（相较于人类客服）提供的沟通服务会降低用户的同理心。

当用户与人工智能客服互动时，他们的自我关注会促使他们关注自己，进而影响他们的同理心。根据线索过滤理论，一对一的在线交流应该是社交导向的，而将注意力集中在自己身上会妨碍用户充分参与互动的细节。这也会导致在社交互动和交流中社会支持减少（Flory et al., 2000）。同理心在社交互动中扮演着至关重要的角色，但随着自我关注的增加而减少。以自我为中心的注意力会降低个体理解和同情他人的能力（Takano et al., 2012）。例如，自我/他人分化的出现与同理心的发展高度相关（e.g., Meltzoff & Moore, 1992），而同理心又与以自我为中心的注意力相关（Woltin et al., 2011）。考虑到自我关注是一种自我导向的视角，同理心是一种他人导向的视角，自我/他人关注之间存在反比关系，自我关注的激活将会导致同理心的减少（Woltin et al., 2011）。因此，在这种沟通过程中，一个人对他人的理解和同理心能力也可能受到干扰。实际上，当用户以自我为中心时，他们更有可能采取自我观点，而不太可能采取其他观点来同情他人（Boyraz & Waits, 2015）。因此，高度自我关注的用户在与人工智能客服互动时会表现出较低的同理心。

> **研究假设4**：用户的以自我为中心的注意力对用户的同理心产生负面影响。

基于研究假设1、研究假设2、研究假设3和研究假设4，用户的以自我为中心的注意力会降低同理心，进而降低他们对人工智能客服的预期沟通质量。

研究假设5：人工智能客服（相较于人类客服）对预期沟通质量的影响是通过用户的自我关注和同理心的连续中介影响产生。

5.1.3 沟通策略的调节作用

根据多元资源理论，用户对任务的参与度会影响他们的自我关注程度（Schwarzer & Wicklund，2015）。用户在任务中的参与度越高，他们就越有可能将资源用于完成任务，因此，他们就越有可能更多地关注自己。在传播过程中，传播策略旨在提供及时回复、准确信息和流畅互动，这是影响用户参与度的重要因素（Yen & Chiang，2021）。一般来说，在线沟通对象采用两种沟通策略与用户交流：多项选择策略和开放问答策略。多项选择策略为用户提供多种选择，使他们能够选择最佳选项，而开放问答策略意味着代理人使用类似于自然日常谈话的开放问答问题与用户交流（Birenbaum & Tatsuoka，1987）。用户在面对多项选择策略时，只需要根据选项的设置逻辑来提供反馈。这种行为需要的努力最少，意味着用户参与回答多项选择问题较少。由于用户在交流过程中根据给定的逻辑回答问题，用户参与度较低，自我关注度也降低。

相比之下，当用户面对开放问答策略时，他们会更加努力地与沟通对象沟通，思考他们的情境、他们的需求、如何表达他们的回应，以及如何根据之前的对话来回应。由于在这种行为中需要付出更多的努力，因此，开放问答策略培养了相对较高的消费者参与度，进一步提高了用户的自我关注度。

因此，本章假设多项选择策略会减少人工智能客服激活的用户的以自我为中心的注意力，从而提高用户的同理心和预期沟通质量。开放问答策略加强了人工智能客服激活的用户的以自我为中心的注意力，进一步降低了他们的同理心和预期沟通质量。在与人类客服的交流过程中，传播策略对用户的自我关注影响较小（如图5-1所示）。

研究假设6：传播策略（开放问答和多项选择）通过自我关注来调节人工智能客服（与人类客服）对预期沟通质量的序列中介效应。

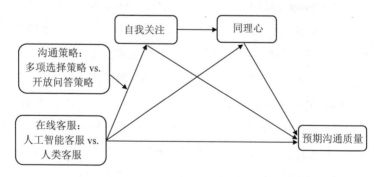

图5-1　本章研究假设模型

5.2 预期沟通质量与自我关注和同理心的中介效应探索

实验1的目的是检查与人类客服相比,人工智能客服的用户预期沟通质量及其支撑机制。在与人工智能客服交流时,用户增加以自我为中心的注意力会降低同理心,从而导致较低的预期沟通质量。然而,在与人类客服交流时,用户降低自我关注度会增强同理心和预期沟通质量。因此,实验1通过在通信页面上显示他们的名字和头像来操纵"在线客服"变量。根据IDC报告,中国人工智能业务规模达到929.5亿美元,预计2026年将超过3 014.3亿美元(IDC, 2022)。实验1旨在调查对中国市场的主要影响。

5.2.1 设计和方法

实验1采用单因素组间设计(在线客服:人工智能 vs. 人类)。使用G*Power 3.1进行先验分析($\alpha=0.05$和power=0.80),表明所需样本量N=128。实验1邀请155名参与者参加实验(年龄范围=18—60,$M_{年龄}=32.08$,55.5%为女性)。参与者通过中国主流的在线调查平台问卷星招募,并给予一定的金钱奖励。随后,参与者被随机分配到任意一组在线客服情景,并要求想象他们正在浏览一个在线页面并尝试与一个在线客服交谈。

根据Tsai等人(2021)的方法,我们操纵了"在线客服"变量。人工智能客服组会看到一组对话页面,上面有一个人工智能客服的头像,上面写着:"你好,我是你的AI助手。我是来帮助你的。

我能为你做什么？"人类客服组看到的对话页面则有一个人类的头像，上面写着："你好，我是你的人类助手。我是来帮助你的。我能为你做什么？"在完成这些场景后，参与者被要求完成操纵检验、自我关注、同理心、预期沟通质量、性别和年龄的测量项目。

5.2.2 研究变量与测量方法

操纵检验：采用七分量表来测量参与者对在线客服的感知，回答"请评价您认为您是与人工智能客服还是人类客服交谈"，选项为人工智能客服（1）和人类客服（7）。

自我关注：自我关注的测量参考Pitesa & Thau（2013）和Chang & Hung（2018）。其中包括三个项目，例如，"与人类客服/人工智能客服交流时，我非常注意自己的感受"。克隆巴赫（信度）系数（Cronbach's alpha）为0.63，虽然不够高，但之前的研究表明该系数达到0.6则认为其可靠性能够被接受（Tsai et al., 2017）。

同理心：同理心改编自Simon（2013）的七分量表并应用于在线交流场景。该量表包括诸如"我试着从人类客服/人工智能客服的角度作决定"等的项目（$\alpha=0.83$）。

预期沟通质量：预期沟通质量是使用改编自Mai & Ketron（2021）的七分量表测量的。该量表包括三项，如"低/高质量""不能/能够提供良好的服务"和"差/优秀"（$\alpha=0.78$）。

5.2.3 实验结果

操纵检验：人工智能客服组比人类客服组更倾向于认为他

5 定制化中期人工智能客服对消费者预期沟通质量的影响

们在与人工智能客服交谈（$M_{人工智能}$=3.27, SD=0.95; $M_{人工}$=5.10, SD=0.94; t=-12.03, p<0.001）。

预期沟通质量： 正如本章预测的那样，在线客服会影响用户的预期沟通质量。独立样本t检验显示，人工智能客服组的预期沟通质量显著低于人类客服组（$M_{人工智能}$=4.68, SD=0.97; $M_{人工}$=5.50, SD=0.80; t=-5.77, p<0.001）。因此，研究假设1得到支持。

自我关注： 独立样本t检验表明，人工智能客服组的参与者自我关注度高于人类客服组（$M_{人工智能}$=5.41, SD=0.76; $M_{人工}$=4.83, SD=0.83; t=4.54, p<0.001）。因此，研究假设2得到支持。

同理心： 独立样本t检验表明，人工智能客服组的参与者同理心低于人类客服组（$M_{人工智能}$=4.68, SD=0.98; $M_{人工}$=5.31, SD=0.76; t=-4.57, p<0.001）。因此，研究假设3得到支持。

连续中介： 为了分析自我关注和共情的连续中介作用，参考Preacher和Hayes（2004）提出的Bootstrap方法检验调节效应。在SPSS软件的PROCESS插件（v. 2.16.3, Hayes 2017）中，将在线客服（人工智能 vs. 人类）选作自变量，自我关注和共情选作连续中介变量，预期沟通质量选为因变量，选择模型6，设定样本量为5 000，置信区间置信度选择95%。结果显示，人工智能客服增强了用户的自我关注和降低了同理心，导致用户的预期沟通质量降低（b=0.40, SE=0.02, 95% CI=[0.01, 0.10]）。在预期沟通质量作为因变量时，自我关注（b=0.04, SE=0.05, 95% CI=[-0.07, 0.13]）和同理心（b=-0.30, SE=0.10, 95% CI=[-0.52, -0.14]）都存在连续中介效应。因此，研究假设4和研究假设5得到支持。

5.3 沟通策略的边界效应分析

实验2的目的是测试人工智能客服激活的自我关注的负面影响是否可以通过沟通策略来减轻。如果用户更多地参与交流，他们将更有可能在交流的过程中完全融入他们的需求，会更加以自我为中心。因此，如果沟通策略能够降低用户在沟通中的参与度，以自我为中心的注意力就会相应地降低。此外，实验2扩大了样本范围到西方国家，进一步增强了结果的适用性。

5.3.1 设计和方法

实验2采用2（在线客服：人工智能客服 vs. 人类客服）×2（沟通策略：开放问答 vs. 多项选择）组间实验。通过Prolific以金钱奖励的方式招募了341名参与者（年龄范围=18—60, $M_{年龄}$=38.57, 男性占50.7%）。根据在线客服和沟通策略，每名参与者被随机分配到四种情况中的任意一组。

根据Tsai等人（2021）的方法，实验2要求参与者想象他们正在浏览购物网站并试图寻找在线客服。实验2中嵌入了预先设计的聊天脚本，以还原真实的在线沟通环境。诸如，对于提供多项选择策略的人工智能客服组，我们展示了一个带有人工智能客服头像的客服页面，上面写着："你好，我是你的AI在线客服。我是来协助你的。今天我能帮你什么？您可以选择以下选项。"列出的选项模仿了亚马逊客户服务可用的选项，包括"订单的应用促销""跟踪我的订单""下订单""未知费用"和"其他"。采用开放问答策略的人类客服组则展示一个带有人类头像的客服页面,上面写着:"你好,我是你的人类客服。我是来协助你的。今天我能帮你什么?您可以直接输入您的问题"。在三轮的互动后,参与者被要求完成操纵检验、自我关注、同理心、预期沟通质量、性别和年龄的测量项目,使用的量表与实验1一致。

5.3.2 实验结果

操纵检验: 人工智能客服组比人类客服组更倾向于认为他们正在与人工智能客服交谈($M_{人工智能}=2.83$, SD=0.86; $M_{人工}=4.67$, SD=0.97; t=-18.48, $p<0.001$)。

预期沟通质量: 正如研究假设所言,在线客服会影响用户的预期沟通质量。独立样本t检验显示,人工智能客服组的预期沟通质量显著低于人类客服组($M_{人工智能}=3.87$, SD=1.16; $M_{人工}=4.31$, $SD=1.19$; $t=-3.40$, $p<0.001$),这进一步验证了研究假设1。此外,回归分析结果表明,在线客服(人工智能客服 vs. 人类客服)和沟通策略(开放问答 vs. 多项选择)的交互项对预期沟通质量有显著影响[$F(1, 340)=6.48$, $p<0.05$]。简单效应分析结果表明,对预期沟通质量的影响仅在开放问答策略情景下显著[$M_{人工智能}=3.60$, SD=1.11; $M_{人工}=4.37$, SD=1.38; $F(1, 337)=17.67$, $p<0.001$]。对于多项选择策略情景,该效应不显著[$M_{人工智能}=4.12$, SD=1.17; $M_{人工}=4.25$, SD=0.99; $F(1, 337)=0.54$, $p>0.1$]。

自我关注: 独立样本t检验显示,人工智能客服组的自我关注程度显著高于人类客服组($M_{人工智能}=4.26$, SD=1.05; $M_{人工}=4.00$, SD=1.22; t=2.13, $p<0.05$)。回归分析表明,在线客服(人工智能客服

vs. 人类客服）和沟通策略（开放问答 vs. 多项选择）的交互项对用户自我关注的影响具有显著差异 [$F(1, 340)=15.68, p<0.001$]。简单效应分析结果表明，对用户自我关注的影响仅在开放问答策略情景下显著 [$M_{人工智能}=4.66, SD=1.10; M_{人工}=3.90, SD=0.85; F(1, 337)=19.08, p<0.001$]。对于多项选择策略情景，该效应不显著 [$M_{人工智能}=3.89, SD=1.22; M_{人工}=4.08, SD=1.22; F(1, 337)=1.31, p>0.1$]。

同理心：独立样本t检验显示，人工智能客服组的同理心显著低于人类客服组（$M_{人工智能}=3.85, SD=0.77; M_{人工}=4.39, SD=0.87; t=-5.97, p<0.001$）。

沟通策略的调节效应：为了分析沟通策略的调节作用，参考Preacher和Hayes（2004）提出的Bootstrap方法检验调节效应。在SPSS软件的PROCESS插件（v. 2.16.3, Hayes 2017）中，将在线客服（人工智能 vs. 人类）选作自变量，沟通策略选作调节变量，自我关注和同理心选作连续中介变量，预期沟通质量选为因变量，选择模型83，设定样本量为5 000，置信区间置信度选择95%。结果显示，调节效应具有显著性（$b=0.04, SE=0.02$, 95% CI=[0.01, 0.08]）。在多项选择沟通策略情景下，用户对人工智能客服和人类客服的预期沟通质量没有显著差异（$b=-0.01, SE=0.01$, 95% CI=[-0.02, 0.01]）。在开放问答沟通策略条件下，用户对人工智能客服和人类客服的预期沟通质量存在显著差异（$b=0.03, SE=0.02$, 95% CI=[0.01, 0.06]）。因此，研究假设6得到了支持和证明。

实验2的结果表明，沟通策略可以通过自我关注来调节在线客服对用户预期沟通质量的影响。与开放问答策略相比，采用多项选择策略的人工智能客服被证明可以减弱参与者的自我关注并增强他们的同理心，进一步提高他们的预期沟通质量。

5.4 小结

本章旨在基于多元资源理论探讨人工智能客服对用户预期沟通质量的影响和潜在机制。结果表明，与人类客服相比，人工智能客服通过自我关注和同理心的连续中介作用降低了用户的预期沟通质量。鉴于人工智能客服是实现目标的工具，是智能助手的代名词，用户在与人工智能客服交流时更倾向于站在自我的角度，以解决自身问题为目标。这种自我视角会影响一个人理解和同情他人的能力，进而降低用户的同理心。所有这些都将资源分配向内引导，从而降低了用户的外向期望并导致他们预期较低的通信质量。为了削弱这种负面影响，人工智能客服采用多项选择的沟通策略可以起到调节作用，减弱负面看法。这些发现表明，只有当策略适当时，人工智能客服才能达到预期的效果。

首先，本章进一步扩展了沟通质量评估的负面结果，验证了前人关于人工智能客服可能产生的负面结果的研究。由于人工智能客服广泛应用于在线交流，沟通质量是影响用户使用意愿和满意度的重要因素（Araujo, 2018; Chung et al., 2020; Hill et al., 2015）。因此，调查人工智能客服对用户预期沟通质量的潜在影响非常重要，这在以前的研究中很少受到关注。基于作为通信质量线索的在线客服的特征，用户通常认为人工智能客服不太善于交际、善解人意和互动，并且预期人工智能客服的通信质量低于人类客服。

其次，自我关注和同理心在解释人工智能客服对用户预期沟通质量的影响时发挥了序列中介作用。鉴于人工智能客服仍局限于解决基本问题,人工智能客服被视为实现目标的工具,缺乏情感互动的能力。相应地,用户在与人工智能客服交流时可能会采取自我视角并更多地以自我为中心,表现出较低的同理心,从而降低了用户的预期沟通质量。一个有趣的发现是,自我关注对预期沟通质量的中介作用在西方国家背景下显著,但在中国并不显著。这一发现表明,文化差异会影响个体的自我关注,进而影响他们的认知和行为,包括预期沟通质量(Kühnen & Oyserman, 2002)。

最后,沟通策略作为企业的实用策略,通过自我关注来调节人工智能客服对共情和预期沟通质量的影响。用户的预期沟通质量不仅受他们与谁交流的影响,还受交流方式的影响。多元资源理论认为,通过参与一项任务可以减弱以自我为中心的注意力(Geukes et al., 2013)。因此,当用户参与交流过程时,他们以自我为中心的注意力会下降。同样,沟通策略可以在改变参与度方面发挥重要作用。当在线客服采用多项选择沟通策略时,用户的自我关注度会下降。本章发现,当采用多项选择沟通策略而不是开放问答沟通策略时,由于描述他们的问题和短语所需的努力减少,用户在沟通过程中的参与度降低,从而减少了用户的自我关注并增强预期沟通质量。

5.4.1 理论贡献

本章研究有助于人机交互(human-computer interaction, HCI)领域进一步探究人工智能客服对沟通结果的影响。先前的研究表明,人工智能客服的影响取决于背景;在需要理性、逻辑分析的

5 定制化中期人工智能客服对消费者预期沟通质量的影响

环境中，用户更喜欢人工智能客服，如金融交易机器人或机器人顾问（Fethi & Pasiouras, 2010; Trippi & Turban, 1992）；在强调个人身份的环境中，人工智能客服是不可取的，如销售电话（Luo et al., 2019）。当前的研究证明了人工智能客服对沟通结果的影响，同时揭示了人工智能客服降低了用户的预期沟通质量。实验结果与以往研究一致，即人工智能客服降低了消费者在商业环境中的态度和购买意愿，同时有助于缩小过往研究发现的知识差距（Appel et al., 2020; Longoni et al., 2019; Luo et al., 2019; Mende et al., 2019）。这对于增强和扩展我们对人工智能客服有效性的理解具有重要贡献。此外，本章调查了用户对人工智能客服的预期沟通质量，为未来的行为研究提供了理论基础。

本章通过调查自我关注和同理心，为HCI的理论序列机制找到了证据。以前关于人机聊天的研究没有考虑用户对人工智能客服的看法的潜在机制，并表明用户对人工智能客服的同理心较低。本章从用户的自我关注和同理心的角度扩展了研究，调查了在线客服对用户预期沟通质量的中介影响，同时通过多元资源理论识别预期沟通质量的前因变量，为沟通的相关文献作出了贡献。

此外，本章引入了一种理论和实证驱动的沟通调节策略。先前的研究主要从基于拟人化和表情符号等类人线索的社交角度探索改善人与人工智能客服交流的策略（Beattie et al., 2020; Liu & Sundar, 2018）。本章旨在确定沟通策略，以减弱人工智能客服对用户较低预期沟通质量的影响。它还填补了关于通信和人工智能客服的文献中的空白。

5.4.2 实践贡献

本章研究对人工智能客服的商业化也有实际意义。

首先，本章研究结果有助于指导企业与用户的在线交流。本章研究证明，与人类客服相比，人工智能客服显著增加了用户的自我关注并降低了他们的同理心，最终降低了他们的预期沟通质量。因此，虽然人工智能客服可以节省人力和成本，但企业在决定使用什么样的在线客服与用户进行在线交流时必须慎重选择。

其次，本章研究结果为企业提供了加强人工智能客服与用户沟通以达到预期结果的策略。由于人工智能客服对用户预期沟通质量的负面影响，沟通策略必须旨在扭转这种负面影响。本章研究发现，多项选择沟通策略通过减少用户的自我关注来提高用户的预期沟通质量。因此，企业应该根据具体情况，对不同的在线客服采用不同的沟通策略。更具体地说，人工智能客服应该使用多项选择沟通策略，而人类客服应该根据具体情况在多项选择和开放问答沟通策略之间进行选择。

最后，本章研究结果突出了企业在线交流的机会成本。人工智能客服带来的预期沟通质量降低，可以降低用户对沟通甚至对企业本身的期望，这使得实际的沟通结果更加重要。这是因为，当面对相同的沟通结果时，用户可能会发现他们对人工智能客服比对人类客服更满意，因为他们最初对人工智能客服互动的期望较低。因此，全面提高实际通信质量应该是企业的最终目标。

6

定制化后期人工智能对消费者结果满意度的影响

在定制化的企业实践中，根据定制化的流程，除了促进消费者参与定制化，提高定制化体验过程中的满意度，还需要让消费者对定制化的结果满意。因此，基于第3章、第4章和第5章的研究基础，本章提出并验证在定制化后期阶段，人工智能在线客服与人类客服的信息呈现形式对消费者定制化结果满意度的影响，以此来回答前文提出的第四个研究问题。

由于定制化产品能更好地体现消费者的个性和独特价值，因此，消费者更愿意为满足其需求的定制化产品支付更高的费用。以手表市场为例，Franke和Piller（2004）的研究发现，美国消费者愿意为他们自己设计的手表支付相当高的溢价，而不是购买标准手表。在烘焙产品市场，根据英敏特（2020）的数据，有40%的中国消费者表示他们愿意为可定制化的烘焙产品支付更高的价格。因此，如何提供满足消费者需求的定制化产品已成为企业关注的焦点。企业越来越意识到，通过提供满足消费者特殊需求的定制化产品，他们不仅可以增加销售额，还可以提高客户忠诚度和口碑。这种趋势在多个领域都得到了证实，尤其是涉及奢侈品、高端商品和个性化体验的市场。满足消费者对个性化产品的需求已经成为企业成功的关键要素之一。

除了提供符合消费者偏好的定制化产品之外，定制化产品的呈现形式、定制化选择面临的难易程度也会极大地影响消费者对定制化结果的满意程度（Novemsky et al., 2007）。影响消费者感知定制化的难易程度来源于两方面：一是选择的复杂性，即随着可用选项数量的增加，消费者需要处理大量的信息才能进行定制；二是对可供定制的属性之间的权衡判断，即对可定制形式的各项优势属性的取舍或者明确的程度（Valenzuela et al., 2009; Reibstein et al., 1975）。定制化产品的呈现形式会极大地影响消费者感知定制化的复杂性，从而降低消费者对定制化的满意度（Valenzuela et al., 2009; Lee & Chang, 2011; Liang, 2016）。因此，如何为消费者提供令其满意的定制化产品呈现形式，成为企业界和学术界关注的重要议题。

定制化产品呈现形式研究主要集中于基于属性和基于替代这两种呈现形式的探讨（Valenzuela et al., 2009）。这两种定制化产品呈现形式对消费者满意度的影响，受到消费者感知选择困难和感知有用性的影响而产生不同的满意度（de Bellis et al., 2013）。定制化产品呈现形式对消费者定制化满意度的影响还受到定制化产品类型和消费者特质的影响，如产品的涉入度（Grösch & Steul, 2017）、消费者的调节定向（Mourali & Pons, 2009）。

上述研究都假定定制化提供者为企业，没有从定制化提供者的视角探讨该问题。当定制化提供者不同时，消费者对于这两种定制化产品呈现形式的态度又有怎样的变化呢？鉴于人工智能不断被运用到服务环节为消费者提供定制化服务，人工智能和人类这两种不同的在线客服在提供定制化服务时该使用何种定制化产品呈现形式才能提高消费者对定制化产品的满意度有待深入探讨。围绕这一问题，本章将深入探讨一个全新的定制化服务背景，在人工智能和人类作为在线定制化客服的情景下，研究消费者对基于替代和基于属性的定制化呈现形式的定制化满意度，以及它们的内在机制和边界条件。

6.1 定制化后期的信息处理

本章假设，当在线客服提供定制化服务时，如果消费者认为人工智能提供定制化产品的呈现形式基于产品属性，而人类客服提供的定制化产品呈现形式基于替代选择，这种匹配将进一步提高消费者对定制化产品的满意程度。这一假设建立在解释水平理论的基础上，该理论认为，当消费者处理的产品信息的解释水平与他们的心理表征一致时，将触发解释水平匹配效应。这种匹配会提高消费者信息处理的流畅度，从而增强他们对产品的积极态度和购买意愿（Chae & Hoegg, 2013; Trope et al., 2007; Trope & Liberman, 2010）。这一效应还受到消费者对独特性追求的影响。高度注重独特性的消费者倾向于积极地收集产品信息，因此不会过分依赖信息处理流畅度所带来的产品评价。这时的匹配效应对产品满意度的影响将减弱。相反，不太注重独特性的消费者更依赖信息处理流畅度，因此，匹配效应对产品满意度的影响将增强。

综上所述，本章将关注在线客服、定制化产品呈现形式和解释水平之间的相互影响，通过深入研究解释水平匹配效应，以及其与消费者独特性追求之间的关系，来探讨消费者对定制化产品的满意度。这一研究不仅有助于理解在线定制化服务的效果，还将为相关领域提供有益的见解。

6.1.1 定制化产品呈现形式

基于属性（attribute-based）和基于替代（alternative-based）是定制化产品呈现的两种形式（Valenzuela et al., 2009）。基于替代的呈现形式是企业向消费者呈现一系列属性完全搭配好的定制产品，消费者从这些定制产品中选择一个选项。例如，美国Gateway Computers网站为用户提供14种不同品牌不同性能的笔记本电脑替代比较，消费者可以依次比较这些电脑的处理器速度、应用软件类型、内存和驱动器等方面的配置，来选择最满意的一台笔记本电脑。基于属性的呈现形式是企业以属性作为首选为消费者提供多重属性来定制产品。以戴尔电脑官网为消费者提供的定制化为例，消费者先按照自己偏好的产品属性进行排序，如计算机的处理速度、内存、硬盘驱动器、电脑尺寸等属性，排序完成后，再将消费者选择好的属性"组装"成一台定制化电脑展示给消费者查看，以得到消费者订购的最终批准。相较于基于替代的产品呈现定制化，基于属性的产品呈现定制化可以容纳大量的选择。

现有研究对于这两种定制化产品呈现形式对消费者态度的影响众说纷纭。有学者认为与基于替代的呈现形式比较，基于属性的呈现形式会降低消费者的选择复杂性，提高消费者的感知有用性和感知享受性，从而增加消费者对定制化产品的偏好（Kamis et al., 2008; Valenzuela et al., 2009）。这是因为消费者在按照属性进行定制化时，所做的是一个二维的折中选择，一个维度是价格，一个维度是特定的属性；消费者在按照替代进行定制化时，所做的是一个多维度的折中选择，消费者需要多方面权衡各种不同的属性，这种多维度比较会使消费者进入选择困难和选择不适，从而降低消费者的满意度。也有学者认为，相较于基于属性的呈现形式，基于替代的呈现形式有助于消费者更全面地考虑产品本身（de Bellis et al., 2013）。这是因为基于替代的形式呈现的是多个完整产品，这些产品已经包含了不同的属性，消费者通过对比产品，有助于比较这些属性组合起来的综合效果（de Bellis et al., 2013）。也有学者认为，产品类型和消费者特质也会影响这两种呈现形式对消费者定制化结果的态度。对于保险这类需要深思熟虑的产品，基于替代和基于属性的定制化产品呈现形式对消费者态度的影响没有显著差异（Grösch & Steul, 2017）。此外，预防定向的消费者更偏好基于属性的呈现形式，并对基于属性呈现的定制化产品更为满意，而促进定向的消费者更偏好基于替代的呈现形式，并对基于替代呈现的定制化产品更为满意（Mourali & Pons, 2009）。

6.1.2　定制化呈现形式与解释水平

解释水平理论（construal level theory）的核心思想是，人们对同一认知客体的心理表征具有不同的抽象程度，即解释水平，进而影响人们对事物的判断（Trope et al., 2007; Trope & Liberman, 2010）。高解释水平是相对宏观的、抽象的表征，以目标为导向，不依赖于背景信息，包含事物主要的、决定性的特征；低解释水平是相对微观的、具体的表征，不以目标为导向，依赖于背景信息，包含事物次要的、特有的详细特征。高解释水平是从已有信息中构造抽象的和全局的概念，而低解释水平是从中构造具体的和局部的概念。因此，具有高解释水平的个体往往通过宏观的、抽象的、主要的本质特征来表征事物，并且能优先捕捉一个事物的抽象和主要特征；低解释水平的个体往往通过具体的、偶然的、局部的特征来表征事物，能够优先捕捉一个事物的具体和详细细节（谢晨岚等，2020；Wakslak & Trope, 2009）。

解释水平可以由情境因素诱导，也可以由个体特质的差异决定。心理距离的各个维度（如关系的亲近）、空间距离（如地理位置的远近）、社会距离（如社会地位的差异）、时间距离（如事件与现在的间隔长短）、假设性（事情发生的概率高低）的操纵可以有效地影响个体的解释水平（李开云等，2020；李雁晨等，2009；祝帼豪等，2012）。

根据定制化的两种呈现形式特点，本章认为，基于属性的定制化呈现形式传递的是一种低解释水平的信息，基于替代的定制化呈现形式传递的是一种高解释水平的信息。因为基于属性的定制化呈现形式展现的是产品的特定某个维度的属性之间的比较，单一维度的属性相较于产品本身而言是一种具体的、局部的信息，因此，基于属性的定制化呈现形式是展现产品具体的、局部的、细节的信息，是一种低解释水平的信息。而基于替代的定制化呈现形式展现的是多个产品之间的比较信息，给消费者传递的是整体感官、总体印象的信息，是一种宏观的、抽象的信息，因此，基于替代的定制化呈现是展现产品的全面的、整体的信息，是一种高解释水平的信息。

6.1.3 定制化在线客服与解释水平

在线平台上的定制化在线客服可分为人工智能客服和人类客服。此类人工智能是由人类设计和编程，可以根据消费者提供的关键词进行回应，并通过学习消费者的日常对话进行更加类人化的回应。此类人工智能是用于为人类提供定制化服务的，不具有自己的自主能动性和自我意识，它们的行为并不是由其自主目标或意识驱动的；而人类具有自主的意识和自我能动性，他们的行为具有不可预测性，并由自我意识支配引导（Kim & Duhachek, 2020）。

根据解释水平理论，个体的解释水平高低取决于该个体的行为表现。比如，一个动作（如"粉刷一个房间"）可以在一个高解释水平中表现出来，强调为什么要进行这个动作（如"让房间看起来很新鲜"），或者在一个低解释水平中表现，强调如何进行这个动作（如"挥动笔触"）(Fujita et al., 2008; Trope & Liberman, 2010)。缺乏自我知觉和能动性的个体会抑制个体推断高级目标的能力，从而导致观察者对该个体的低解释水平认知（Kozak et al., 2006）。本章假设消费者会认为人工智能客服的行为是低解释水平的行为（关注于具体怎么做），而相较于人工智能客服，人类客服具有完成更多的高级目标的能力和行为，其行为会被认为具有更高的解释水平。

根据解释水平理论，当人们处理的信息所包含的元素的解释水平与他们的心理表征相一致时，会触发解释水平匹配效应，人们更可能对目标产生更好的态度以及进行积极的评价。"匹配"使信息"更容易处理、更相关或感觉正确"，从而提高了信息遵从性（Han et al., 2016）。当不同水平的心理表征与其相关特征解释水平相匹配时，可以提高人们的反应时间（Förster & Higgins, 2005）、支付意愿和购买意愿（Mogilner et al., 2008）、目标重要性感知（Pennington & Roese, 2003）、产品说服能力（Lee et al., 2010）、品牌态度（Han et al., 2016; Tsai & McGill, 2011）、捐赠意愿和回收行为的亲社会行为（Fujita et al., 2008; White et al., 2011）。He等人（2021）提出，当拟人化的角色（朋友 vs. 仆人）与沟通信息（解释水平高 vs. 低）产生匹配时，消费者会对匹配的沟通信息的态度更好；Allard和Griffin（2017）提出，当产品的相对价格（高 vs. 低）与产品的营销信息（解释水平高 vs. 低）产生匹配时，会提高产品的销量、消费者的产品评价和购买意愿。

因此，当人工智能在线客服提供定制化服务时，消费者认为人工智能进行低解释水平的行为更为合理，此时，与提供基于属性的定制化产品这一低解释水平的呈现形式相匹配。同样，当人类在线客服提供定制化服务时，消费者认为人类产生高解释水平的行为更为合理，此时，与提供基于替代的定制化产品这一高解释水平的呈现形式相匹配。相反，人工智能在线客服（人类在线客服）与基于替代（基于属性）的定制化产品呈现形式可能不匹配。此外，当在线客服提供的定制化产品呈现形式相匹配时，能够进一步提高消费者对于定制化产品的满意度。

研究假设1：与不匹配的情况相比，在线客服与定制化呈现形式匹配时会提高消费者对定制化满意度。

研究假设1a：人工智能在线客服提供以基于属性的呈现形式的定制化产品，会提高消费者对定制化的满意度。

研究假设1b：人类在线客服提供以基于替代的呈现形式的定制化产品，会提高消费者对定制化的满意度。

6.1.4　在线客服与定制化呈现形式的解释水平一致：信息处理流畅度

根据信息处理理论，消费者对产品的态度会受到其信息处理流畅体验的影响（Chae & Hoegg, 2013）。信息处理的流畅程度取决于信息呈现背景下的一致性（Allard & Griffin, 2017）。消费者对符合其知识结构所传达的产品会产生更积极的态度（乔均和史慧慧，2020；Yang et al., 2011）。产品沟通中的信息解释水平一致性能提高说服性，并提高消费者对产品的态度（Lee & Aaker, 2004; Yang et al., 2011）。当产品信息以与消费者的心理表征相匹配的方式传递时，这种匹配能够增加信息的流畅性或易理解性，从而促进消费者产生对产品更加积极的态度（姚琦等，2017; Chae & Hoegg, 2013; Jiang et al., 2020; Kramer & Min, 2007）。

例如，对于使用分析处理模式的消费者，比较广告更加有说服力；对于想象处理模式的消费者，非比较广告更加具有说服力（Thompson & Hamilton, 2006）。在 Lee 和 Aaker（2004）的研究中，消费者被呈现在一个强调获得利益的增益框架（例如，"获得激励"）或强调潜在未获得利益的损失框架（例如，"不要错过获得激励"）中的促销信息。他们的研究表明，当信息框架效应的说服力与他们的聚焦定向（促进定向 vs. 预防定向）相一致时，参与者的处理流畅性更强。这种加工流畅的经验有助于"感觉正确"的经验，并介导规则匹配对说服的影响。因此，本章认为，在线客服与定制化产品的呈现形式的匹配对消费者定制化满意度的影响是通过信息处理流畅度这一中介作用。

研究假设2：信息处理流畅度在在线客服和定制化呈现形式匹配对定制化满意度影响中起中介作用。

6.1.5 独特性追求：边界效应

本章的概念框架认为，消费者对产品更有利的态度来自他们更流畅的加工体验。这种信息流畅性归因于消费者采用启发式思维模式加工信息（heuristic processing）、处理信息（Allard & Griffin, 2017; Vessey, 1991）。此外，当消费者的动机增加（如产品涉入、认知需求）时，消费者的启发式思维模式加工会减少，这使得他们的思维模式转向系统加工思维模式（systematic processing）（Blumenthal, 2016）。当消费者进行系统加工思维模式时，他们会更多地进行综合性和分析性思维，会具体评价产品的具体信息，而较少依赖产品信息的流畅性。

定制化产品不仅仅能提高产品的美感和功能，还能进一步通过提高消费者感知独特性来提升产品的感知价值。由于消费者在定制化过程中会积极地投资自己的时间、努力、价值观到定制化产品中，这样的产品将成为他们扩展的自我（Belk, 1988; Mittal, 2006），从而帮助消费者增强自我意识。也正是自我价值在产品中的融入，定制化产品使得消费者可以通过产品展现独特的自我和自我认同，并成为消费者自我身份的独特展现形式（Kwon et al., 2017）。因此，本章认为，消费者对独特性的追求会影响消费者对产品的涉入度，从而影响消费者的信息加工思维模式（刘红艳，2014；朱振中等，2017）。

当消费者具有较高的独特性追求时，他们更希望通过定制化

6 定制化后期人工智能对消费者结果满意度的影响

产品来表达自我的独特性,对定制化产品愿意投入更多的时间和努力。此时,消费者倾向于通过仔细的观察、深入的思考和深入的推理来评估定制化产品,具有较高的动机,这将启发他们的系统加工思维模式,而不太会受到信息处理流畅度影响对产品的评估(Allard & Griffin, 2017)。而当消费者具有较低的独特性追求时,如定制化产品对于他们来说只是功能的完善或只是美感的提升,不用来表达自我的独特性,消费者对于这类产品不会投入太多的思考时间,这类产品也较少需要消费者的参与或思考,消费者将会以启发式思维加工模式,依赖信息处理流畅度来处理信息(如图6-1所示)。

研究假设3:消费者的独特性追求会调节在线客服与定制化呈现形式的匹配对定制化满意度的影响。具体而言,相较于对独特性追求高的消费者,对独特性追求低的消费者而言,该效应会更加显著。

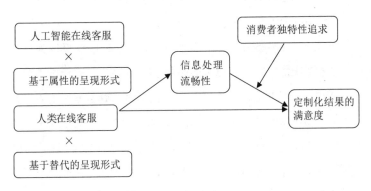

图6-1 本章研究假设模型

6.2 定制化结果的满意度

实验1验证了研究假设1,也就是面对人工智能在线客服时,消费者更愿意参与定制化。本章以在线课程学习作为实验情景。

6.2.1 预实验1

在进行正式实验之前,为了检验消费者对在线客服(人类vs.人工智能)存在解释水平的差异,实验情景在有94名参与者($M_{年龄}$=23.36,55.32%为女性)的样本中进行了预测试。参与者被随机分配到两组在线客服中,通过语言和图片的刺激来告诉他们在人类客服组还是人工智能客服组。随后,预实验1让参与者选择他们认为更适合该客服的行为描述。这一行为描述量表即为行为识别量表(behaver identification form, BIF),用来测量参与者的解释水平(Vallacher & Wegner, 1989)。参照He(2019)的实验,本章选取了10个BIF问题进行测量。

预实验1将高解释水平行为标记1分,低解释水平行为标记0分,分值越高,说明参与者的解释水平越高。单因素方差分析(ANOVA)的结果显示,在线客服对消费者解释水平有显著影响[$F(1, 92)$=12.37, $p<0.001$]。并且,人工智能在线客服带来的解释水平($M_{人工智能}$=4.51, SD=1.44)比人类在线客服[$M_{人工}$=6.13, SD=2.80; $F(1, 92)$=12.37, $p<0.001$]更低。研究结果也证实了本章的设想,证明在线客服会影响消费者的解释水平。

6.2.2 预实验2

在进行正式实验前,为了检验消费者对定制化产品呈现形式(基于替代 vs. 基于属性)的解释水平的差异。实验情景在有104名参与者($M_{年龄}$=22.48,54.81%为女性)的样本中进行了测试。参与者被随机分配到两组在线客服中,通过语言的刺激来告诉他们在基于替代组还是基于属性组。随后,预实验2让参与者填写BIF,用来测量参与者的解释水平(Vallacher & Wegner, 1989)。参照He(2019)的实验,本章选取了10个BIF问题进行测量。

预实验2将高解释水平行为标记1分,低解释水平行为标记0分,分值越高,说明参与者的解释水平越高。单因素方差分析(ANOVA)的结果显示,定制化呈现形式对消费者解释水平有显著影响[$F(1, 102)$=125.43, $p<0.001$]。并且,基于属性的呈现形式带来的解释水平($M_{基于属性}$=4.20, SD=1.38)比基于替代的呈现形式带来的解释水平[$M_{基于替代}$=7.73, SD=1.83; $F(1, 102)$=125.43, $p<0.001$]更低。研究结果也证实了本章的设想,证明定制化呈现形式会影响消费者的解释水平。

6.2.3 设计和方法

实验1采用2(在线客服:人工智能vs.人类)×2(定制化呈现形式:基于属性vs.基于替代)双因素组间设计。实验1通过在美国调查平台MTurk上以少量报酬的方式来招募参与者。共有198名参与者参加了实验1,剔除未通过问卷注意力测试的样本,最终有效问卷数量为170份(年龄范围=18—60, $M_{年龄}$=30.65, 54.12%为女性）。参与者被随机分配到四组之一。

实验使用人工智能或人类的语言和图片来操纵"在线客服"变量。人工智能在线客服组的情景提示是："你好，我是智能助手小莱，接下来我将问你几个问题，来为你定制学习课程吧！"人类客服组的情景提示是："你好，我是人类助手小莱，接下来我将问你几个问题，来为你定制学习课程吧！"基于属性的定制化呈现形式是将课程章节提供给消费者选择，基于替代的定制化呈现形式是将几门课程向消费者推荐，让消费者自由选择。

随后参与者填写了一系列问卷。为了测量参与者的定制化结果满意度，实验1使用Coelho和Henseler（2012）的七分量表测量参与者对定制化的满意度（如"你对定制化的结果是否满意？"，1=非常不满意，7=非常满意；$\alpha=0.83$）。此外，参与者还回答了性别、年龄和学历等个人问题。最后，实验参与者没有猜测出实验1的实验目的。

6.2.4 实验结果

实验1的简单效应检验结果显示，在线客服和定制化呈现形式的匹配对消费者定制化满意度有显著影响 [$F(1, 166)=8.36$, $p<0.005$]。并且，对于人工智能在线客服而言，使用基于属性的呈现形式比基于替代的呈现形式显著提高了消费者的定制化满意度 [$M_{基于属性}=5.28$, $SD=0.72$; $M_{基于替代}=4.69$, $SD=0.72$; $F(1, 166)=13.64$, $p<0.001$]。对于人类在线客服而言，使用基于替代的呈现形式比基于属性的呈现形式显著提高了消费者的定制化满意度 [$M_{基于属性}=4.11$, $SD=0.52$; $M_{基于替代}=5.38$, $SD=0.86$; $F(1, 166)=52.93$, $p<0.001$]。因此，研究假设1成立。

6.2.5 讨论

与本章的假想一致,实验1的结果表明,在线客服与定制化呈现形式的匹配能提高消费者对定制化结果的满意度,其中,人工智能客服与基于属性的呈现形式匹配,人类客服与基于替代的呈现形式匹配,能提高消费者的定制化满意度。那么其中的作用机制何在?实验2将该实验延展到新的实验情景,在检验主效应的同时进一步检验中介理论机制。

6.3 信息处理流畅度的中介效应探索

实验2的主要目的在于验证研究假设2。实验2设计了一个虚拟旅游服务品牌("与伴"品牌),在变量操纵上与实验1相同。实验2基于前人操纵和测量,设计了基于属性的定制化结果(基于替代的定制化结果)并测量了消费者信息处理流畅度(Chae & Hoegg, 2013)和定制化满意度。正如前文的理论推导,本章预测消费者信息处理流畅度对在线客服类型与定制化结果呈现形式的交互项对消费者定制化结果满意度的影响中存在中介效应。

6.3.1 设计和方法

实验2采用2(在线客服:人工智能 vs. 人类)×2(定制化呈现形式:基于属性 vs. 基于替代)的组间设计。实验2通过专业调查平台问卷星以支付少量报酬的方式招募了参与者。256名参与者的年龄分布在18—45岁（$M_{年龄}$=29.80，63.28%为女性）。每位参与者被随机分配到人工智能-基于属性组、人工智能-基于替代组、人类-基于属性组或人类-基于替代组。

参与者被要求想象在"与伴"旅游平台上查找旅行目的地和旅行攻略。该平台为消费者推出了定制化旅行方案，在人工智能客服组里，消费者面对的介绍为："你好，我是智能助手小伴，接下来我将问你几个问题，来为您定制旅行方案！"在人类客服组里，消费者面对的介绍为："你好，我是私人助手小伴，接下来我将问你几个问题，来为您定制旅行方案！"在最后定制化结果呈现形式上，基于属性的定制化结果展现内容为："根据你的偏好和要求，小伴向您推荐这几个旅游景点供你选择：万龙滑雪场、天目湖半山温泉、茶卡盐湖。"基于替代的定制化结果展现内容为："根据你的偏好和需求，小伴向您推荐这几个旅游方案供你选择：三日滑雪之旅、闲暇城镇温泉之旅、大漠剪影之旅。"

随后，参与者填写了一系列问卷。为了验证"在线客服"变量操纵的有效性，参与者回答了："刚刚是谁在为你进行旅游方案推荐？"（1=人工智能；2=人类）。实验2采用了Chae和Hoegg（2013）七分量表测量了参与者信息处理流畅度（如"我能清楚地了解定制化产品的产品信息"，1=非常不同意，7=非常同意；$α$=0.83）和消费者定制化满意度（$α$=0.77）。

6.3.2 实验结果

操纵检验： 对"在线客服"变量的操纵是成功的。在人工智能在线客服的情景下，参与者感知在线客服为人工智能的比例为

87.7%；在人类在线客服的情景下，参与者感知在线客服为人类的比例为85.6%。

满意度： 实验2的回归结果显示，在线客服和定制化呈现形式对消费者定制化满意度有显著影响［$F(1, 252)=98.22, p<0.001$］。根据简单效应结果检验，在人工智能在线客服情景中，只有人工智能和基于属性的定制化结果展现形式匹配时，消费者的定制化满意度才高［$M_{基于属性}=5.53, SD=0.86; M_{基于替代}=4.61, SD=0.71, F(1, 252)=45.74, p<0.001$］；在人类在线客服情景中，只有人类和基于替代的定制化结果展现形式匹配时，消费者的定制化满意度才高［$M_{基于替代}=5.50, SD=0.77; M_{基于属性}=4.50, SD=0.74, F(1, 252)=52.58, p<0.001$］。因此，研究假设2成立。

信息处理流畅度的中介检验： 实验2的回归结果显示，在线客服和定制化呈现形式对消费者信息处理流畅度有显著影响［$F(1, 252)=45.03, p<0.001$］。根据简单效应结果检验，在人工智能在线客服情景中，只有人工智能和基于属性的定制化结果展现形式匹配时，消费者的信息处理流畅度才高［$M_{基于属性}=5.58, SD=0.72; M_{基于替代}=4.98, SD=0.89, F(1, 252)=19.29, p<0.001$］；在人类在线客服情景中，只有人类和基于替代的定制化结果展现形式匹配时，消费者的信息处理流畅度才高［$M_{基于替代}=5.39, SD=0.67; M_{基于属性}=4.68, SD=0.81, F(1, 252)=25.96, p<0.001$］。

在SPSS软件的PROCESS插件（v. 2.16.3, Hayes 2017）中，选择在线客服（人工智能 vs. 人类）为自变量，信息处理流畅度为中介变量，定制化满意度为因变量，定制化呈现形式为调节变量，并选择模型7，设定样本量为5 000，置信区间置信度选择95%。中介分析结果首先报告了回归结果。结果显示，在线客服与定制化结果展示形式显著正向影响消费者的信息处理流畅度（b=1.31, se=0.20, t=6.71, $p<0.001$）和消费者定制化满意度。中介效应的检验结果表明，在95%置信区间下，信息处理流畅度的中介效应显著，置信区间为［0.56, 1.16］（b=0.85, se=0.15, $p<0.001$，不包含0）。这表明信息处理流畅度在在线客服对消费者定制化满意度的影响中起到中介作用。综上所述，中介效应得到验证。因此，研究假设2成立。

6.3.3 讨论

通过对实验结果的方差分析和中介效应分析，实验2反复验证了在线客服与定制化呈现形式对消费者定制化满意度的直接效应，并进一步验证了信息处理流畅度的中介机制。与此同时，实验2扩展了本章的实验情景，增加了研究的广泛性。在线客服与定制化呈现形式对消费者满意度的影响是否存在边界条件？实验3将引入消费者独特性追求的变量，来进一步探讨本章的边界效应。

6.4 消费者独特性追求的边界效应分析

实验3旨在探究在线客服对消费者定制化满意度影响的边界效应。本章认为，消费者独特性追求会影响消费者的思维方式，从而降低在线客服与定制化呈现形式匹配效应带来的消费者满意度。

6.4.1 设计和方法

实验3采用2（在线客服：人工智能 vs. 人类）×2（定制化呈现形式：基于属性 vs. 基于替代）的组间设计。实验3以少量报酬的方式在专业调查平台问卷星招募参与者。234名参与者的年龄分布在18—40岁（$M_{年龄}=25.24$，55.56%为女性）。每位参与者被随机分配到人工智能-基于属性组、人工智能-基于替代组、人类-基于属性组或人类-基于替代组。

在参与者进入实验情景之前，实验3先采用Lynn和Harris（1997）的七分量表检测了消费者对产品独特性的追求程度（如"我会被独特的产品所吸引"，1=非常不同意，7=非常同意；$α=0.89$）。实验中，参与者被要求想象在"伴学"在线学习平台上查找有趣的学习视频。该平台为消费者推出了音乐学习课程，在人工智能客服组里，消费者面对的介绍为："你好，我是智能助手小伴，接下来我将问你几个问题，来为您定制音乐课程！"在人类客服组里，消费者面对的介绍为："你好，我是私人助手小伴，接下来我将问你几个问题，来为您定制音乐课程！"在定制化结果的呈现形式上，基于属性的定制化结果展现内容为："根据你的偏好和要求，小伴向您推荐这几个课程章节供你选择：乐理入门、识谱哼曲、指法弹唱。"在基于替代的定制化结果展现内容为："根据你的偏好和需求，小伴向您推荐这几个课程供您选择：声乐入门、尤克里里速成、乐理通识。"随后，参与者填写了一系列问卷。为了验证"在线客服"变量操纵的有效性，参与者回答了"刚刚是谁在为你进行课程推荐？"（1=人工智能；2=人类）。之后，实验3采用Chae和Hoegg（2013）的七分量表测量了参与者信息处理流畅度（如"我能清楚了解定制化产品的产品信息"，1=非常不同意，7=非常同意；$\alpha=0.91$）和消费者定制化满意度（$\alpha=0.83$）。

6.4.2 实验结果

满意度：为了检验本章的假设，在线客服与定制化呈现形式的匹配能提高消费者的满意度，因而实验3将消费者定制满意度作为因变量，在线客服（人工智能=1，人类=2）、定制化呈现形式（基于属性=1；基于替代=2）及其交互项作为自变量。回归分析发现，在线客服和定制化呈现形式的交互对消费者定制化满意度有显著的影响 [$F(1, 226)=33.70$, $p<0.001$]。根据简单效应分析，当面对人工智能在线客服时，基于属性的定制化呈现形式比基于替代的定制化呈现形式能显著提高消费者的满意度 [$M_{基于属性}=4.58$, $SD=0.88$; $M_{基于替代}=3.88$, $SD=0.65$; $F(1, 226)=22.53$, $p<0.001$]，当消费者个人认知低时，该效应不显著 [$M_{基于替代}=4.55$, $SD=0.93$; $M_{基于属性}=3.99$, $SD=0.76$; $F(1, 226)=12.45$, $p<0.001$]。

中介检验：实验2的回归结果显示，在线客服和定制化呈现形式对消费者信息处理流畅度有显著影响 [$F(1, 226)=63.11$, $p<0.001$]。根据简单效应结果检验，在人工智能在线客服情景中，只有人工智能和基于属性的定制化结果展现形式匹配时，消费者的信息处理流畅度才高 [$M_{基于属性}=4.82$, $SD=0.69$; $M_{基于替代}=3.55$, $SD=1.03$, $F(1, 226)=53.35$, $p<0.001$]；在人类在线客服情景中，只有人类和基于替代的定制化结果展现形式匹配时，消费者的定制化满意度才高 [$M_{基于替代}=5.15$, $SD=0.91$; $M_{基于属性}=4.38$, $SD=1.26$, $F(1, 226)=16.73$, $p<0.001$]。

在SPSS软件的PROCESS插件（v. 2.16.3, Hayes 2017）中，选择在线客服（人工智能vs.人类）为自变量，信息处理流畅度为中介变量，定制化满意度为因变量，定制化呈现形式为调节变量，然后选择模型7，设定样本量为5 000，置信区间置信度选择95%。中介分析首先报告了回归结果。结果显示，在线客服与定制化呈现形式的匹配显著地正向影响消费者的信息处理流畅度（b=2.04, se=0.26, t=7.94, $p<0.001$）。中介效应检验结果表明，在95%置信区间下，信息处理流畅度的中介效应为，置信区间为［.34, .86］（b=0.60, se=0.13，不包含0）。这表明信息处理流畅度的中介效应显著。综上所述，中介效应得到验证。因此，研究假设2成立。

消费者独特性的调节作用： 根据消费者自测的独特性产品追求量表，本章将消费者分为独特性追求高低两组，高于平均值的归为高独特性追求，低于平均值的归为低独特性追求。单因素方差分析（ANOVA）结果证明，消费者独特性追求在这两个组别里有显著差异，高独特性追求组的独特性追求显著高于低独特性追求组［$M_{高}=5.75$, SD=0.43; $M_{低}=4.13$, SD=0.85, $F(1, 226)=336.352$, $P<0.001$］。

为了分析独特性追求的调节作用，根据Preacher和Hayes（2004）提出的Bootstrap方法来检验调节效应。在SPSS软件的PROCESS插件（v. 2.16.3, Hayes 2018）中，选取在线客服与定制化呈现形式的匹配作为自变量（匹配=1，不匹配=2），独特性追求作为调节变量，信息处理流畅性作为中介变量，消费者定制化满意度作为因变量，然后选择模型14，设定样本量为5 000，置信区间置信度选择95%。

分析结果再一次验证了本章的研究假设2，显示在线客服和定制化呈现形式的交互作用显著（b=-1.03, se=0.13, t=-7.82, p<0.001），同时，它们对消费者定制化满意度的交互作用显著（b=-0.34, se=0.11, t=-3.17, p<0.001）。并且，信息处理流畅度的中介作用仅在消费者独特性追求度低的时候显著（b=-0.32, se=0.07, CI:[-0.47, -0.20]），当消费者独特性追求度高的时候，信息处理流畅度的中介作用不显著（b=-0.11, se=0.06, CI:[-0.24, 0.01]）。因此，研究假设3成立。

6.4.3 讨论

通过对实验结果的方差分析和有调节中介效应分析，实验3再一次检验了直接效应和中介效应，并证明了消费者独特性追求的调节效应。具体而言，当消费者独特性追求低时，在线客服与定制化呈现形式对消费者的定制化满意度影响显著，并通过对消费者信息处理流畅性的增加，从而增加消费者的定制化满意度；当消费者独特性追求高时，在线客服与定制化呈现形式对消费者的定制化满意度影响不显著，信息处理流畅度的中介效应就不存在。

6.5 小结

本章深入探讨了在定制化阶段后期，不同在线客服在呈现定制化产品结果时的策略、内在机制以及边界影响因素。本章的研究结果表明，当人工智能客服提供基于属性的定制化产品呈现方式，而人类客服提供基于替代的呈现方式时，消费者的定制化满意度显著提高（实验1）。这一积极影响的背后机制在于，不同在线客服与定制化产品呈现形式的匹配将提高消费者的信息处理流畅度（实验2）。此外，这一效应会受到消费者的独特性追求这一边界因素的影响。具体来说，本章进一步验证了对于具有高独特性追求的消费者，不同在线客服与定制化产品呈现形式的匹配会减弱其定制化满意度效应（实验3）。相反，对于低独特性追求的消费者，这种匹配将显著增强其定制化满意度效应（实验3）。

本章的结论有助于深入理解在线客服与定制化产品呈现形式匹配的效应及其机制，以及不同类型消费者对此的反应。这些发现不仅为企业界提供了关于如何提高消费者对定制化产品的满意度的实际指导，还有助于丰富学术界关于在线客服和定制化领域的理论研究。

6.5.1　理论贡献

随着人工智能技术的不断发展和广泛应用，学者和营销人员对如何提高消费者对定制化的满意度产生了日益浓厚的兴趣。消费者对定制化产品的满意度受到定制化过程的复杂程度和难易程度的影响（Novemsky et al., 2007）。其中，定制化产品的呈现形式在很大程度上影响了消费者所面临的选择复杂性和困难度（Novemsky et al., 2007）。然而，目前有关定制化产品呈现形式的研究主要集中在基于属性和基于替代这两种呈现形式，并且关于这两种呈现形式的好坏存在争议（Grösch & Steul, 2017; Kamis et al., 2008; Mourali & Pons, 2009; Valenzuela et al., 2009）。因此，本章

AI定制：人工智能客服与消费者的定制化互动机制

专注于在线客服与定制化产品呈现形式的研究，为定制化领域提供了新的视角和研究方法。

首先，本章从定制化呈现形式入手，研究不同类型的在线客服与定制化呈现形式如何基于解释水平匹配效应影响消费者的产品满意度，从而深入对定制化的研究。一方面，现有研究对于定制化呈现形式众说纷纭，本章深入定制化研究，在在线定制化这一背景下，研究不同类型的在线客服与定制化呈现形式的匹配，分析不同情景下定制化呈现形式的应用，这是对前人关于定制化呈现形式研究的补充。另一方面，现有研究都是基于产品特征或消费者特征来研究定制化呈现形式的视角，本章从定制化在线客服的视角研究定制化呈现形式，丰富了定制化的研究。

其次，本章将人工智能与定制化文献衔接，通过展示人工智能如何影响消费者解释水平认知从而连接信息呈现形式与人机交互文献，研究人工智能如何与信息呈现形式匹配来影响消费者的态度。更广一点来看，本章将人工智能与信息沟通文献进行了联系。

最后，本章通过构建解释水平的新边界机制，为说服机制中的匹配效应的文献做出了贡献。本章认为，消费者的独特性追求会刺激消费者的兴趣和动机，以主动寻求更多的信息，从而影响他们的信息处理模式。在这种情况下，解释水平匹配效应的作用减弱。当消费者具有高的独特性追求时，消费者往往有更高的动机收集信息进行深入思考，因此，较少依赖信息处理流畅的体验，而更多地依赖于系统的处理。对具有低独特性追求的消费者，启发加工的解释水平一致性会增强，从而进一步提高该类消费者的产品满意度。

6.5.2 实践贡献

本章的结论为企业和营销人员提供了重要的实践指导,尤其涉及定制化产品的呈现方式和在线客服的应用。

首先,本章证明了定制化呈现形式需要结合不同的在线客服才能产生积极效果。不同的定制化呈现形式呈现的是不同的解释水平信息,即基于属性的呈现形式是一种低解释水平信息,而基于替代的呈现形式是一种高解释水平信息。这些信息需要匹配到对应的解释水平才能产生积极的效果。

其次,本章的结论为企业如何运用在线客服提供定制化结果提供了指导意见。本章对定制化产品呈现形式和在线客服之间交互作用的研究结果,强调了在设计定制化信息呈现方式时考虑在线客服解释水平的重要性。也就是说,与不匹配情况相比,人工智能客服(人类客服)采用基于属性的呈现形式(基于替代的呈现形式)展示定制化产品是可以通过影响信息处理流畅度而带来消费者更满意的产品态度。

最后,本章也为企业更好地呈现定制化产品提供了指导意见。本章认为,当消费者独特性需求低的时候,在线客服和定制化产品呈现形式的匹配效应才能提高消费者的满意度;当消费者独特性需求高的时候,在线客服和定制化产品呈现形式的匹配效应不显著。因而本章提醒企业,一方面需要注意消费者的独特性需求,企业可以通过了解消费者的过去定制习惯、消费者的购买行为等因素对消费者进行画像,更好地识别具有高独特性需求的消费者。对于此类消费者,应该更加注重产品自身独特性的宣传;对于低独特性需求的消费者,则应该考虑信息传递时的流畅度,从而提升该类消费者的满意度。另一方面，企业可以根据提供的产品进行呈现策略的改变。由于消费者在面对不同的产品时具有不同的独特性需求，对于消费者的独特性需求更高的产品，企业应该强化产品信息的宣传；对于消费者独特性需求低的产品，企业则应该考虑信息传递时的流畅度，从而提升该类消费者的满意度。

7

研究总结与策略探究

众所周知，企业不断地引入人工智能技术为消费者提供服务。人工智能客服这一市场规模预计将从2020年到2027年呈现22.5%的复合年增长率。消费者与企业的互动日益由线下互动转为线上互动，这也是推动人工智能客服普及的重要因素（Fortune Business Insights, 2021）[①]。

对消费者而言，人工智能在线客服比例的增加，一方面使消费者能随时随地寻找客服解决问题，人工智能也能通过其算法为消费者提供高效的解决方案（Hertz & Wiese, 2019）；另一方面，人工智能缺乏情感能力，缺乏同理心，无法与消费者共情（Luo et al., 2019; Longoni et al., 2019）。并且，人工智能技术的现有水平使得消费者对人工智能的认知持负面态度，认为人工智能无法

---

① 数据来源于Fortune Business Insights, "Chatbot Market to Reach USD 1, 953.3 Million by 2027; Increasing Demand for the Product by the SMEs to Drive the Market: Fortune Business Insights™," (February 02, 2021), GlobeNewswire, https://www.globenewswire.com/news-release/2021/2/2/2167849/0/en/Chatbot-Market-to-Reach-USD-1-953-3-Million-by-2027-Increasing-Demand-for-the-Product-by-the-SMEs-to-Drive-the-Market-Fortune-Business-Insights.html, retrieved at May 20, 2024。

理解消费者个体的独特性，缺乏专业能力（Luo et al., 2019）。Luo（2019）的研究发现，当聊天客服向消费者揭露自己的人工智能身份时，会导致消费者的购买率下降79.7%。因此，随着人工智能不断被运用到定制化服务领域，判别人工智能的作用和对应的使用策略变得尤为重要。

现有研究对于人工智能影响的探讨众说纷纭，并且探讨的情景有限（Trippi & Turban, 1993; Merkle, 2019; Longoni et al., 2019; Mende et al., 2019）。人工智能影响消费者感知、改变消费者行为的心理机制探讨也尚有欠缺（Luo et al., 2019; Longoni et al., 2019; Mende et al., 2019; Merkle et al., 2019）。在这样的实践和理论的驱动下，本书试图探索消费者对人工智能在线客服与人类客服的本质认知，并将人工智能提供的定制化服务环节展开，详细地探讨人工智能对消费者定制化态度的影响、心理机制和边界机制。本书采用了一个探索性研究和三个实证研究，尝试回答上述研究问题，收获了一些有价值的创新结论，拓展了人工智能、定制化和自我认知的理论研究，为未来研究提供了新的展望和方向，有待未来研究继续探索与检验。

7.1　AI定制化全流程的重新审视

第一，通过对二手数据和实验调查的综合分析，本书发现消费者在认知人工智能在线客服和人类在线客服方面存在相似性和差异性。消费者普遍认为人工智能在线客服和人类在线客服在认知能力上表现出相似之处，甚至在某些方面具备更多优势。他们认为人工智能在线客服具备与人类在线客服相媲美的理性分析、认知识别以及专业知识的能力，并且在响应效率、专业知识丰富度等方面表现得更出色。具体而言，人工智能在线客服被认为能够以更高效的方式提供服务，拥有更丰富的专业知识，并且更主动地为消费者提供最佳解决方案。然而，在情感能力方面，人工智能在线客服和人类客服之间存在显著差异。虽然人工智能在线客服在情感方面表现出应有的能力，如回应情感、待客礼貌、提供良好的服务态度以及耐心倾听，但它们无法真正与消费者建立情感共鸣，情感回应相对呆板，缺乏真实温暖的情感，当其试图表达关切时，反而让消费者感到虚伪。因此，本书验证并详细展示了人工智能在线客服与人类在线客服在认知和情感方面的相似性与差异性，为进一步研究人工智能在线客服引发消费者行为差异提供了坚实的基础。

第二，基于自我呈现理论，本书揭示了在定制化早期，与人类在线客服相比，人工智能在线客服更有可能提高消费者的定制化参与意愿。产生这一现象的原因在于，消费者普遍认为人工智能在线客服不会受到社会规范和道德判断的约束，不会像人类一样对他人进行评价或审视。因此，当与人工智能在线客服互动时，消费者感到更加自由，社交焦虑和自我呈现的顾虑降低，从而更愿意积极参与到定制化过程中。此外，本书研究还验证了消费者的公众自我意识对于人工智能在线客服的影响。具体而言，当消费者具有较高的公众自我意识时，他们更加注重自身形象的呈现，此时，人工智能在线客服带来的低自我呈现顾虑会进一步强化他们的定制化参与意愿。然而，当消费者的公众自我意识较低时，他们不太关注自我形象的呈现，因此，人工智能在线客服带来的低自我呈现顾虑并不会显著地影响他们的定制化参与意愿。此外，本书研究还证实了在线客服对于消费者定制化参与意愿的积极影响仅在需要披露敏感信息的情境下存在。当消费者披露非敏感信息时，在线客服对他们的定制化参与意愿影响不显著。这一发现为了解人工智能在线客服与人类在线客服在不同情境下对消费者的影响提供了重要的见解。

第三，依据自我关注理论，本书发现在定制化的中期阶段，人工智能在线客服相对于人类在线客服可能会降低消费者对定制化过程的预期服务质量感知。这一现象的根源在于消费者对人工智能的普遍认知，即其缺乏人类的自主意识，无法执行高级认知任务，只是机械性地按照程序和算法执行任务。因此，当与人工智能在线客服互动时，消费者更加自我关注，专注于他们自己的偏好和需求。这种自我关注的增加会导致消费者更不愿意接受他人的建议和推荐，并减少他们与人工智能在线客服的情感共鸣。这进一步降低了他们对于人工智能在线客服提供的定制化服务质量的期望。与此不同，人类在线客服具有独立的思考和决策能力，他们的服务是基于自身的主观意识和丰富经验来提供的。因此，当与人类在线客服互动时，消费者更加关注外部环境和他人的建议，而不是过度自我关注。他们更容易产生与人类在线客服的情感共鸣，也更可能期待高质量的服务。此外，本书还揭示了沟通策略在这一过程中的重要性。相较于开放式的问答沟通策略，多项选择型的沟通策略能够降低定制化过程的认知负荷，减轻自我关注的程度，从而减轻人工智能在线客服对满意度的负面影响。这一发现强调了在线客服在与消费者互动时选择合适的沟通策略的重要性，以最大限度地提高消费者的预期质量感知。

第四，在解释水平理论的基础上，本书揭示了在定制化产品的后期呈现中，不同类型的在线客服（人工智能vs.人类）与定制化产品呈现方式（基于属性vs.基于替代）之间的匹配有助于提高消费者对定制化产品结果的满意度。这是因为消费者普遍认为人工智能在线客服在行为认知上具有更低的主观能动性和自我意识，导致他们对于人工智能的行为认知属于低解释水平。因此，当人工智能在线客服呈现基于替代的低解释水平信息时，解释水平的匹配会促使消费者更为顺畅地处理信息，从而提高他们对定制化产品结果的满意度。相反，人类在线客服通常具有更高的主观能动性和自我意识，使得消费者对于人类客服的行为认知属于高解释水平。因此，当人类在线客服呈现基于属性的高解释水平信息时，解释水平的匹配同样有助于提高消费者对定制化产品结果的满意度。值得注意的是，这一效应还受到消费者独特性追求的调节。上述匹配效应只在消费者独特性追求较低的情况下显著，即当消费者相对不注重产品的独特性和个性化需求时，匹配效应对提高满意度具有显著作用；当消费者具有更高的独特性追求，更注重产品的独特性和个性化时，匹配效应对提高满意度的作用则不显著。这一发现强调了消费者的个体差异和独特性需求对于匹配效应的影响，为企业在不同消费者群体中制定在线客服与定制化产品呈现策略提供了重要的指导。

第五，为了充分发挥人工智能的潜力，提供更有效的定制化服务，企业需要明智地将人工智能应用于适宜的消费情景和特定的消费者群体。具体而言，当需要消费者披露敏感信息时，引入人工智能在线客服可以显著地提高他们的定制化参与意愿。这是因为人工智能有助于降低社交焦虑，使消费者更愿意参与定制化过程。因此，在需要消费者披露非敏感信息时，可以积极采用人工智能在线客服。与此同时，对于那些具有高公众自我意识的消费者，人工智能的应用能够提高他们的定制化参与意愿。这是因为高公众自我意识的消费者更注重自我形象呈现，而人工智能的无情感能力降低了自我呈现顾虑，进一步刺激他们积极参与定制化流程。因此，在涉及高公众自我意识的消费者时，可以重点考虑使用人工智能在线客服。此外，对于那些涉及产品的独特性需求较低的情况，人工智能与产品呈现方式的匹配可以显著提高消费者的定制化满意度。当消费者更加注重产品的一般性特征而非个性化需求时，人工智能的机械性特点与产品呈现方式的匹配会产生更积极的效果。因此，在处理低独特性需求的产品时，应重点考虑人工智能与产品呈现方式的匹配。对于人工智能客服来说，采用多项选择的沟通方式可以帮助提高消费者的满意度。与采用开放问答的沟通策略相比，多项选择策略有助于降低消费者的涉入度，减轻自我关注，从而缓解人工智能在线客服可能带来的低满意度的负面影响。通过仔细考虑特定的消费情景和消费者特征，企业可以有针对性地制定人工智能策略，从而更好地满足消费者的需求，提高定制化服务的质量和效果。这些建议可以帮助企业更有效地应用人工智能，提升消费者满意度。

7.2　定制化与人机互动的理论联结

通过深入研究人工智能在线客服提供定制化服务的实践以及对相关文献的梳理和分析，本书从多个维度探讨了人工智能对消费者定制化态度的影响。在人工智能研究领域，尽管已经取得了一定进展，但仍存在研究不足的问题。现有研究缺乏深入挖掘人工智能与人类的本质差异，以及对潜在影响的全面理解，尤其缺乏不同情境下的研究。这个问题已经引起了学术界和实践界的广泛关注，成为一个需要填补的理论和实践研究空白。本书的理论创新点主要体现在以下三个方面。

其一，本书深入研究了消费者与人工智能在线客服和人类在线客服互动时的认知差异，进一步细化了人工智能在线客服可能引发的消费者认知和心理微观变化。这一探索为未来深入研究人工智能对消费者行为和态度的影响提供了基础性的贡献。本书的结论不仅印证了早期人机交互研究的成果，即消费者普遍认为人工智能在认知能力方面与人类相似，但在情感智能方面存在明显差距。重要的是，本书更深入地挖掘了消费者对在线客服（人工智能vs.人类）的具体认知差异。消费者认为人工智能具有一些人类特质，如理性分析、认知能力和专业素养，但在某些方面表现出超越人类的优势，如响应速度、专业素养、目标导向性和主动性。然而，这些认知细节差异也凸显了人工智能与人类在情感和情感智能方面的距离。消费者普遍认为人工智能在情感表达方面有所欠缺，无法像人类一样传递温暖、作出情感判断或真正建立共情。这一细致入微的差异为未来的人工智能研究提供了更为具体的认知细节，有助于更好地理解人工智能对消费者认知的影响，为进一步研究提供了理论支撑。这一探索不仅对学术界具有重要价值，还为企业和组织在使用人工智能在线客服时提供了深刻见解。它有助于企业更好地理解消费者对不同类型在线客服的期望和看法，从而更好地满足他们的需求，提高用户体验。因此，本书的成果不仅在学术领域具有创新性,还为商业领域提供了有力的实践指导,有助于企业更好地应用人工智能在线客服,以提升客户满意度和建立更紧密的客户关系。

其二,本书以定制化情境为切入点,深入研究了人工智能对消费者定制化态度的影响。在观察人工智能如何影响消费者的定制化态度时,本书提出了新的研究视角。以前的研究主要关注人工智能对消费者使用意愿的影响,且对此存在诸多观点。通过深入研究人工智能的影响机制,特别是在定制化消费情境下,本书验证了人工智能在不同定制化阶段带来的显著差异,这一结论不仅印证了之前有关人工智能可能对消费者产生负面影响的研究,还为人工智能的影响提供了新的理解。此外,本书深入研究了人工智能提供的定制化服务在其早期、中期和后期三个阶段内对消费者态度的不同影响。通过提出自我呈现顾虑和自我关注对消费者定制化参与意愿和满意度产生的心理机制,将人工智能与定制化联系在一起,本书发现在定制化的不同阶段,人工智能对消费者态度的影响具有显著差异。这一发现不仅丰富了有关人工智能研究情境和影响因素领域的面向,还引入了新的研究视角。这些因素包括消费者的公众自我意识和独特性追求等,提供了更多的研究可能性,为未来的研究奠定了坚实的基础。通过这一深入研究,本书在理论上为人工智能对消费者行为和态度的影响提供了更为翔实的参考,为未来的研究开拓了更广阔的研究空间。这一研究为了更好地理解人工智能如何影响消费者定制化态度,聚焦于定制化情境,创造性地深化了对人工智能与定制化的研究,为解释不同阶段的消费者态度提供了更丰富的框架。同时,通过考虑消费者的心理机制和个体特征,如公众自我意识和独特性追求,丰富了研究人工智能对消费者的影响的维度。

其三，本书为关于人工智能对消费者自我认知的文献提供了丰富的贡献。不仅探讨了人工智能与人类对消费者自我认知的影响，还深入研究了其对消费者定制化态度的影响。过去的研究相对较少地关注人工智能影响消费者使用意愿的背后心理机制，现有研究主要从归因理论、恐怖谷理论和感知独特性等有限的角度进行探讨。本书在此基础上提出了一系列关于人工智能如何影响消费者自我认知的心理机制，尤其是在定制化消费情境下。其中，本书指出，与人工智能互动时，消费者的自我呈现顾虑会降低，这进一步激发了他们更积极地参与定制化服务的意愿。此外，人工智能互动会引发消费者更多的自我意识关注，减少了对人工智能的共情和预期质量感知。这一独特的视角探索了消费者自我认知在整个定制化过程中的变化，同时考察了各种影响因素。通过深入挖掘人工智能对消费者自我认知的影响，本书不仅在理论上作出了贡献，还为人工智能相关研究提供了新的理论视角。这一深入研究为理解消费者在与人工智能互动时的内在思维和情感提供了更全面的参考，有助于未来的研究更好地探讨这一领域的复杂性。

7.3　AI定制化全流程策略的全面规划

本书基于定制化的早期、中期、后期三个关键阶段，系统地探讨了人工智能技术对消费者态度的影响机制。研究结果为企业在各阶段提供个性化定制服务提供了理论依据和实践指引。该研究在现实层面具有重要意义，主要体现在以下三个方面。

其一，本书为企业提供了宝贵的理论指导和实践建议，以指导他们如何使用人工智能来提供定制化服务，覆盖了定制化的早期、中期和后期三个服务阶段。在定制化服务的早期阶段，有效地运用人工智能技术能够显著地提升消费者参与定制化服务的意愿。然而，当进入定制化服务的中期阶段时，人工智能技术的使用可能会降低消费者对整个定制化过程的满意度。在定制化服务的后期阶段，要提高消费者的定制化满意度，人工智能的定制化结果呈现形式需要采用匹配的信息呈现方式。因此，企业在使用人工智能时，应权衡各阶段的需求，根据最终目标来决定是否使用人工智能技术。如果企业的目标是吸引消费者积极参与定制化服务，在早期阶段使用人工智能将非常有益。在定制化服务的后续阶段，企业应审慎运用人工智能技术，确保所提供的定制化产品或服务能够匹配消费者预期，进而有效地提升其满意度。上述发现为企业合理利用人工智能技术提供定制化服务提供了有价值的指导，以增强服务的吸引力和消费者体验。

其二，本书的研究为企业在不同定制化服务阶段精准地运用人工智能技术提供了理论基础和实践指南。消费者的独特个性特征以及他们与品牌的互动方式都会对人工智能的使用效果产生显著影响。具体而言，对于那些具有较强公众自我意识但对目标品牌缺乏深入了解的消费者群体，人工智能技术能够有效地提振其参与定制化服务的积极性。这意味着在涉及这一类消费者时，企业可以积极地引入人工智能，以促进他们的定制化参与度。相比之下，对于那些不太追求产品独特性的消费者，人工智能则更适合提供信息并与他们进行互动，但必须确保信息的呈现方式与消费者的理解水平相匹配，以确保有效地传达信息。对于那些公众自我意识相对较弱、不愿透露敏感信息且追求产品独特性的消费者群体，研究结果显示，人工智能技术在促进其参与定制化服务方面的作用并不显著。因此，对于这一类消费者，企业可能需要更多地关注其他互动方式，或者提供更加人性化和具有情感共鸣的客户服务。基于上述发现，本书研究为企业根据消费者的个体特征精准地运用人工智能技术于定制化服务的不同阶段提供了可操作的决策指南。在使用人工智能时，企业不应采用单一的标准方法，而应根据消费者的独特特征和与品牌的互动方式来有针对性地选择使用人工智能的范围。这一结论将有助于企业更好地为不同类型的消费者提供个性化的服务和互动体验，提高其满意度和参与度，从而增强客户忠诚度。

其三，本书为企业在利用人工智能技术提供定制化服务时，根据服务不同阶段的特点制定有针对性的沟通策略提供了指导建议。这种针对性的沟通策略有助于提高消费者对人工智能的积极态度，增强用户体验，并最终提高客户满意度。在定制化服务的中期阶段，与使用开放问答方式相比，采用多项选择的沟通方式可以减轻消费者的自我关注，从而提高他们对定制化服务的满意度。这种方式有助于消费者更好地理解并互动，减少了自我意识和焦虑感，从而提高了整体用户体验。在定制化服务的后期阶段，当人工智能与消费者就定制产品的结果进行沟通时，采用基于属性的产品呈现方式有助于提升消费者对产品的感知流畅性，从而增加对定制化产品的满意度。通过以属性为基础的呈现方式，消费者能够更容易地理解产品特点，这有助于满足他们的期望，提高满意度。因此，企业在与消费者使用人工智能进行沟通时，应根据特定情境采用适当的沟通策略，以提升消费者对人工智能的积极态度。有针对性的沟通策略不仅有助于优化消费者的服务体验,还将促进客户价值和忠诚度的提升,进而为企业创造更佳的业务绩效。本书的结论为企业在利用人工智能与消费者开展个性化互动时,制定高效的营销沟通策略提供了理论指导,旨在实现更高水平的客户满意度和忠诚度。

7.4 AI定制化的战略性再思考

7.4.1 现有研究局限

本书在理论模型构建、分析推导、假设验证和实证设计等方面均坚持严谨科学的研究态度,但由于实验设计的复杂性和资源条件的限制,研究过程中仍存在一些不足之处。尽管如此,本书研究为人工智能在定制化服务领域的应用提供了一定的理论基础和实践指引,但同时也存在以下五个方面的局限性。

一是研究方法的局限性。由于技术和资源等限制,本书的实证数据主要来源于实验室和在线实验。这种研究方法的优势在于降低了外部干扰因素,从而提高了研究的内部效度。此方法还允许直接操作自变量,为企业实践提供了策略指导。尽管实验室实验有助于控制变量、操纵自变量,但其结果的外部效度相对有限。近年来,相关研究倾向于采取多种实证方法的综合运用,例如,将实验室实验与野外实验或数据建模相结合,以期对理论模型和研究假设进行更为全面的验证,从而增强实证结论的普适性和可推广性。这种方法综合了不同研究方法的优势,以更全面地理解

7 研究总结与策略探究

研究问题。通过野外实验或数据建模，研究人员可以更好地模拟真实世界中的情境，增加研究结果的外部效度。这种综合方法还可以在更广泛的情境中验证研究发现的适用性，为决策者提供更全面的信息，以制定策略和决策。因此，未来的研究可以考虑采用多种方法的组合，以更好地平衡内部效度和外部效度，从而提高研究的全面性和可信度。这将为企业和组织提供更有力的实践指导，以更好地应对不断变化的市场和技术环境。

二是研究因变量的局限性。本书测量的是消费者的定制化态度，包括定制化参与意愿、定制化过程满意度和定制化结果满意度，但未直接测量实际行为。因为本书采用了实验法来验证假设中的效应，受访者通常在对未来行为的预测上表现出不够准确的倾向。消费者可能倾向于在认知上保守，他们可能缺乏将突发事件准确纳入其预测行为的动机和认知能力。例如，消费者在定制化过程中需要综合考虑定制化的感知有用性、感知易用性以及结果的适宜性，在表达意向时，这些过程变量往往被忽略，然而，它们往往是实际达成其预期行为的重要因素。因此，未来的研究可以考虑对实际消费者行为进行更为直接的测量，以验证其定制化态度和参与意愿对实际定制化行为的影响。这将有助于更全面地理解消费者如何在实际决策中对定制化产品或服务作出选择，并有助于揭示行为与态度之间的潜在差异。此外，对定制化过程的更详细的调查和分析也可以提供有关消费者实际偏好和行为的更深入理解，为企业提供更准确的市场洞察和决策支持。

三是边界变量探讨的局限性。本书的研究基于主效应的理论机制，揭示了消费者的个人特质，如公众自我意识（高 vs. 低）和消费者独特化追求，对人工智能对定制化参与意愿和信息匹配的影响效果具有重要影响。这反映了消费者的异质性会对人工智能的效果产生显著影响。然而，消费者具有高度的个体异质性，其偏好差异不能单纯地通过人口统计学变量和一般性人口特征变量来全面刻画和解释。另外，一些情景变量（如定制化产品的具体类别和价格等）可能会对消费者的定制化态度产生重要影响，但在本书的研究中并未详细探讨。因此，未来的研究可以进一步探索其他消费者个体差异变量和情景变量，以更深入地理解这些因素如何影响人工智能对定制化态度的影响。这将有助于提供更全面的研究视角，并更好地解释不同情境下的定制化态度和行为。

四是理论机制的局限性。本书的研究侧重于从消费者自我认知和感知的角度探讨人工智能对定制化流程中消费者态度的影响内在理论机制。第四章提到，人工智能在线客服通过降低消费者的自我呈现顾虑，从而影响定制化参与意愿。第五章指出，人工智能在线客服通过提升消费者的自我关注，进而影响定制化过程满意度。第六章则论述了在线客服与定制化呈现形式的匹配如何通过影响消费者信息处理的流畅性影响定制化结果的满意度。这些发现都基于消费者对人工智能和人类之间本质区别的不同认知，特别是在自我认知方面存在显著差异。尽管本书研究在实证设计上作出了一定的努力来排除潜在的替代解释，但在理论分析层面仍未能彻底排除这些可能性。因此，未来的相关研究有必要对影响机制进行更深入的探讨和检验，以全面揭示人工智能技术对消费者定制化服务态度产生影响的内在逻辑。

五是研究情景的局限性。本书的研究主要关注了消费者与人工智能技术首次互动时，后者在提供定制化服务方面的影响。然而，随着消费者与人工智能系统的接触逐渐增多，他们对于人工智能的认知可能会发生变化，甚至形成一定的刻板印象和固有期望。这种学习效应可能会影响消费者在定制化服务不同阶段对人工智能技术的接受态度，但本书暂未深入探讨这一问题。未来的研究可以重点探讨，随着消费者与人工智能系统的互动频次不断增加，人工智能技术对消费者态度和行为产生的动态影响及其内在机制，以期对这一演化过程有更全面的理解。研究这种长期累积效应，有助于揭示时间因素对人工智能技术影响消费者的调节作用，并为企业在不同阶段如何应对和管理消费者态度转变提供战略指引。

7.4.2 未来的研究方向

基于本书研究的内容和结论，为推动人工智能在定制化服务领域的深入应用，未来的相关研究可着重关注以下四个潜在方向。

一是拓展适用于不同消费情景的人工智能研究。本书以人工智能提供定制化服务的具体情景，研究定制化流程中人工智能对消费者态度的影响。这是因为随着人工智能在企业服务领域的日益广泛应用，其逐渐取代了人类服务员的角色，并在提供定制化服务方面占据主导地位。未来的研究可以验证本书的人工智能对消费者态度的影响在不同的消费情景中，如食品制作、物流运输等消费情景。

二是延伸人工智能的特征和使用情景研究。本书聚焦于研究在线消费情景，以人工智能在线客服作为研究对象。在理论验证和假设推导中使用语言和头像的方式操纵消费者对人工智能的感知，人工智能在线客服与消费者的交互方式是线上打字沟通。随着人工智能的进步，其形态愈加多样化，尤其在线下应用中呈现多种形态。与此同时，人工智能与消费者的互动方式也呈现出多样性。因此，我们需要探讨人工智能外在特征的介入、交互形式的改变以及使用情景的变化是否会对消费者对其提供定制化服务的态度产生差异。这些都有待后续研究深入探讨。

三是对人工智能的螺旋式影响进行进一步探讨。本书专注于研究人工智能在提供定制化服务流程中的早期参与、中期过程和后期结果三个环节对消费者态度的影响，是人工智能与消费者首次接触的服务流程。研究表明，随着消费者对人工智能的熟悉度增加，人工智能对消费者的积极影响不显著。因此，伴随着消费者与人工智能互动的时间次数的增加，人工智能对消费者定制化态度的影响和应对策略可能发生变化。进一步的研究应探讨如何提高人工智能对消费者产生积极态度的影响。

四是进一步挖掘人工智能对消费者自我认知的影响。消费者会在不同对象面前表现不同的自我（Hancock et al., 2007; Vassalou & Joinson, 2009）。因此，在与人工智能在线客服互动时，消费者的自我认知可能会呈现出差异。本书仅研究了人工智能在线客服对消费者自我呈现顾虑和自我关注的影响。但是，人工智能的不同以及人工智能的使用情景是否会带来消费者自我认知的差异？人工智能与消费者形成的关系强弱、关系类型等都将会影响消费者自我认知的差异。未来的研究可以进一步探讨消费者与人工智能的关系对消费者自我认知的影响，以及影响消费者行为的变化。

8

人工智能客服的未来展望

由于人工智能客服领域的持续蓬勃发展和新兴的应用场景日益增加，人工智能与用户之间的互动接触在不断增加，涵盖了多种接触方式和维度。人工智能客服的特性和使用情景将共同塑造其性能和用户体验。这些特性和应用场景在很大程度上决定了人工智能客服的效能以及用户的感知和互动体验。这需要考察多个因素，包括影响人工智能客服使用的前提条件，如个体的特点、动机以及选择和偏好与对话代理互动的因素。此外，人工智能客服使用对个体、群体、组织和社会整体的潜在影响也值得深入研究。这些研究的目标是全面了解在不同背景和情境下使用人工智能客服可能带来的积极和负面影响，以便更好地塑造其未来的发展和应用。

8.1 人工智能客服的新应用和潜在影响

如今，人工智能客服已经成为一项广泛应用的技术，在多个领域都有涵盖，包括但不限于健康、教育和商业等。此外，随着技术的不断发展，人工智能客服正逐渐进化，并在不断扩展应用领域，超越传统的客户服务功能。这种技术的进步也体现在新一代的自然语言处理模型上，如OpenAI开发的GPT 3.5和GPT 4模型。其中，引爆近年来人工智能领域的ChatGPT正是一个OpenAI基于其模型开发的人工智能聊天机器人，用以与用户通过自然对话的方式进行交互。ChatGPT可以执行各种自然语言处理任务，包括回答问题、生成文本、自动对话生成、文本摘要、语言翻译等（Baidoo-Anu & Ansah, 2023）。通常情况下，ChatGPT可以被用于构建人工智能客服系统，与人类用户进行对话，回答问题，提供信息和支持。ChatGPT的应用范围广泛，可以创建虚拟助手、在线客服代表、社交媒体机器人等，能够改善客户的体验并提供快速响应（King & ChatGPT, 2023）。这一技术的进步对多个领域的客户互动方式和用户体验产生了积极影响，推动了更广泛的应用。如今，人工智能客服已不再局限于简单问题的回答，而是参与更复杂的对话和交互，提供更为定制化的服务。这一发展趋势有望继续推动人工智能客服的创新和改进，以满足不断增长的用户需求。

人工智能客服的形式正在不断演化并变得更类似人类。虚拟数字人（virtual avatars）是一种借助人工智能技术和计算机生成的虚拟实体，通常具有人类形象，能够模拟和模仿人类的语言、情感、外貌和行为（Miao et al., 2022）。这些虚拟数字人通常装备了自然语言处理、计算机视觉、语音合成及其他高级人工智能技术，使它们能够像人类一样进行自然的对话和互动。虚拟数字人作为人工智能客服的一种升级形式，提供了更加人性化和亲切的客户服务体验（Torous et al., 2021; Song & Shin, 2024）。它们能够模拟人类的语言和情感，从而与客户进行更加自然的互动。虚拟数字人可以与传统的基于文本或语音的人工智能客服相结合,给客户提供更全面的支持。例如,在客户需要更多情感色彩或复杂互动的情况下,虚拟数字人可以介入,而对于一般查询,传统的自动化客服系统可以继续提供服务。这种协同方式让虚拟数字人与人工智能客服相辅相成,以更好地满足客户的多样化需求。虚拟数字人的出现不仅为客户提供了更好的体验,也为企业带来了更高的效率和服务水平。它们能够在人与机器之间建立更紧密的联系,提供更具个性化的解决方案。虚拟数字人是人工智能客服领域的一项重要创新,预计将在未来继续发展,以更好地满足不断变化的客户需求。

随着人工智能客服应用领域的不断扩展和特征的多样化,其效果以及用户的感知可能会有所不同。首先,为了适应更广泛的人工智能客服应用领域和用户群体,需要持续更新文献,特别是关于新兴用户群体的动机和行为的研究。这也包括对特殊人口统计特征的研究,如儿童、老年人和有特殊需求的用户,以及特定应用领域内的用户。此外,研究还需要评估社会人口特征是否在人工智能客服采用和使用方面造成了系统性差异。其次,需要深入研究人工智能客服应用影响不同群体、组织、企业和整个社会的内在机制。例如,不同领域和行业的人工智能客服应用可能会改变服务提供和工作流程。这需要进一步探讨人工智能客服的影响,包括其潜在的社会、文化和经济影响。最后,对用户的长期态度和行为进行长期跟踪至关重要。这可以帮助研究人员了解人工智能客服随时间对用户的影响,包括长期的采用率、满意度和态度变化。这种长期跟踪可以帮助预测未来的趋势和需求,以更好地满足用户的期望。总之,随着人工智能客服应用领域的不断扩展和不断演进，研究需要保持与这一发展同步，以更好地理解其影响和效果，并满足不断变化的用户需求。这需要持续的跟踪和研究，以适应不断变化的情境和用户群体。

8.2 人工智能客服体验全流程设计

人工智能客服的用户体验和设计涉及用户如何感知和与人工智能客服进行互动，以及人工智能客服的布局、互动机制和对话内容如何设计，以有效地管理这些感知和回应。为了全面了解用户的感知和互动回应，以及人工智能客服设计造成的影响，需要进行以用户为中心的人工智能客服评估。这一评估过程包括使用已建立的方法来收集和分析用户对人工智能客服的感知和互动反馈。

人工智能客服用户体验已成为近期研究的一个重要领域，涵盖了多种形式的应用，从基于声音的虚拟助手到基于文本的交互。这一研究领域有助于揭示影响用户体验积极或消极的因素，例如信任、感知的社会支持、人工智能客服的人类相似性，以及这些因素如何受到人工智能客服设计的影响。越来越多的研究成果可供参考，用于指导人工智能客服互动的设计（Whang et al., 2022; Zhou et al., 2022），包括对话设计（Zhou et al., 2023）、人工智能客服的个性化（Kim et al., 2023）、在人工智能客服中使用互动元素，以及使用社交线索来表示社会地位和能力（Park et al., 2023）。关于评估人工智能客服用户体验的方法和措施，研究者已经积累了丰富的知识。用户中心的评估方法已经成为当前人工智能客服研究的重要组成部分，包括社交机器人中关于社交存在感的研究，以及对话系统评估中用户满意度的测量。在人工智能客服研究中，评估方法多种多样，包括用户自我报告工具、用户观察和面谈、对人工智能客服互动的分析以及生理测量。这些方法涵盖了多种研究环境，包括在线自主研究、实验室实验、野外观察研究，以及长期互动的服务调查。

人工智能客服也在借助新技术，如AR和虚拟现实（virtual reality, VR），来改善客户的体验（Sestino & D'Angelo, 2023; Trappey et al., 2022）。AR和VR设备能够捕捉有关用户的数据，如头部运动、注视点和手势，这些数据可以用于分析用户的情感状态，帮助客服更好地理解用户需求，提供更有针对性的支持。AR和VR设备通常配备了内置麦克风和语音识别技术，可以通过语音命令与客服代表进行互动，从而减少手动输入的需求，提供更便捷的交流方式。尽管结合人工智能客服和可穿戴技术为客户支持带来了多项潜在好处，但也面临一些挑战，如隐私问题、数据安全性、硬件成本和采用率等。然而，随着技术的不断发展和成熟，这些挑战将逐渐得到克服。

因此，未来的研究应该致力于探索新兴人工智能客服提供的全流程体验场景效果以及策略，从而确保人工智能客服的用户体验得到持续的改进。首先，应深入探索新兴人工智能客服带来的新体验，从用户体验的全流程视角出发，深入挖掘用户体验的潜力和问题点，进而探索其内在机制，以揭示关键问题。其次，应设计策略以改善人工智能客服用户的全流程体验。未来关于人工智能客服用户体验的研究需要从探讨和评估用户体验因素以及人工智能客服设计要素对用户体验的影响，发展到研究如何应用这些知识，以及如何在实际工业应用中改善人工智能客服的用户体验。具体来说，需要将理论研究的结果转化为能够直接用于对话设计或互动设计指导的实际结论。这并不是说不需要进行以理论为基础的人工智能客服用户体验研究，但这种研究可能需要更多地考虑实际的设计导向目标，以总结目前的研究和知识，从而可以直接应用于改进设计。最后，应模型化和评估人工智能客服的用户体验。为推进未来的人工智能客服用户体验研究，需要使人工智能客服用户体验的模型、度量和评估方法趋向一致。在新兴研究领域，可以预期出现多样性的定义和操作方法，但现在是寻求术语和用户体验构建定义的一致性，以及识别和应用这些构建的标准度量（基准）的时候。尽管这种一致性不应该妨碍理论的发展和方法的创新，但显然，在研究中采用常用的度量方法，以进行跨研究的比较和整合，并能够跟踪相关研究对象随时间的变化，具有一定的好处。因此，可以借鉴人机交互领域或对话系统传统中已建立的评估方法，以有助于实现共识。

8.3 协作型人工智能客服

协作型人工智能客服是一种客户支持服务或系统，融合了人工智能技术与人类代理或操作员之间的协作，旨在为用户提供帮助和解决问题。这种形式的客服致力于通过结合自动化的人工智能技术和人类专业知识，为客户提供更全面、高效和个性化的支持。协作型人工智能客服允许人工智能系统处理常见的、标准化的查询和任务，也能够让人类操作员应对更为复杂、具体或情感化的用户需求。这一协作模式旨在提高客户的满意度、提供更迅速的响应,以更好地满足用户的需求。这类协作型人工智能客服通常具有自己独立的名称,有时也被称为"数字员工"(Graham et al., 2017)。德勤事务所的一项研究报告论证了"数字员工"的实用性。例如,对于一家拥有5万名员工、年收入达到200亿美元的企业来说,若使用机器人流程自动化(robotic process automation, RPA)的方式处理20%的工作任务,这将为企业每年带来超过3 000万美元的利润。这种"数字员工"的应用也可以具体到不同领域。例如,"崔筱盼"是一名"数字员工",于2021年2月正式加入万科集团的财务部门,负责催办处理逾期的应收账款单据。她是一个虚拟人物形象,借助算法和深度神经网络技术,能够高效地辅助催办工作。"崔筱盼"的核销率达到91.44%。同样,新华社的"数字记者""小诤"负责报道中国航天的重大项目,如面向探月工程、深空探测等领域的新闻,同时也进行航天科普传播等工作,并收到了积极的反馈。这些"数字员工"的应用在不同领域都带来了更高效的工作流程和服务提供。

协作型人工智能客服研究领域致力于理解和设计在包含人类和智能代理的网络环境中(如社交网络、团队合作或服务提供等)如何进行协作型人工智能客服(Chowdhury et al., 2022)。尽管当前的人工智能客服研究通常集中在一个人工智能客服与一个用户之间的二元互动,然而,随着协作型人工智能客服的不断发展,涉及多个人与机器之间的协作关系将变得更加重要。此外,我们认为协作关系可以涉及协作型人工智能客服与外部在线服务之间的互动,这种关系通常通过应用程序编程接口和其他形式的人工代理来实现。

协作型人工智能客服可包括多种情境和类型，例如，个人用户与人工智能客服的协作，其中，人工智能客服充当一种扩展人类能力的工具，用于领域如分析、游戏、处理与服务相关的查询或作为学习伴侣（e.g., Hobert & Berens, 2019）；人工智能客服协助人类协作，通过记笔记、信息记录或任务管理等方式提供支持（e.g., Pan et al., 2022）；人工智能客服与其他服务或代理进行协作，如在多代理模型、人工智能客服网络或与外部网络服务进行互动（e.g., Følstad et al., 2021）。这些协作型情境反映了不同的人工智能客服与人类和其他代理之间的合作方式，以提供更高效、更全面和更个性化的支持和服务。随着协作型人工智能客服的发展，我们将更多地看到这些协作关系在多个领域中得到应用，并丰富人工智能客服研究领域的多样性。

人工智能客服可以被集成到协作过程中，形成所谓的"humBots"（协作型人工智能客服）（Grudin & Jacques, 2019），这是由人类操作员和人工智能客服组成的团队，专门处理复杂的服务查询。相对于仅使用单一的人工智能客服或仅依赖人类服务，"humBots"的协作方式被认为更加高效。"humBots"的概念建立在一种分层服务提供方法之上，其中，人工智能客服首先担任服务接触点的角色，只有在人工智能客服无法提供令客户满意的帮助时，才将客户升级到人类助手。这种协作方法充分运用了人在回路中的概念，使系统管理员能够了解团队中的人类成员的表现，以进行质量控制。在医疗保健领域，应用人工智能客服来支持医院护士团队已被证明是非常有益的（Bott et al., 2019）。协作型"humBots"团队将成为未来协作型人工智能客服的重要组成部分，为用户提供更全面和高效的支持。

目前，关于协作型人工智能客服的应用效果仍然存在争议（Wijayati et al., 2022），究竟协作型人工智能客服是引发竞争还是实现协同，需要进一步深入探讨。因此，未来的研究应首先探讨人与人工智能客服在协作过程中的效果和机制。在人类与人工智能客服的协作中，各自扮演不同的角色和承担不同的任务分工以实现协同，但这仍有待深入挖掘。未来的研究可能会构建基于人工智能客服的独特特征的理论，特别关注人工智能客服在协作中的可能角色，并明确定义这些角色的属性。其次，需要深入研究协作型人工智能客服的策略。人与人工智能客服之间的协作过程的沟通方式、人工智能客服的语言等因素将如何影响协作效果，以充分发挥人工智能的优势，需要进行深入研究。最后，进行实证研究以验证协作型人工智能客服的效果。这些研究可以探讨协作中的激励结构、衡量人与人工智能客服协作的工具、不同任务的结果差异，以及人机协同过程中的任务交替和效果差异。这些因素也可以被纳入复杂的行为模型中，以研究其他概念（如客户满意度、用户体验或技术采用）的行为模型。因此，与人工智能客服的协作应被看作一种自适应行为，不仅是一种结果或预测因素，而且在多种环境和应用中都具有重要作用。

8.4 民主化人工智能客服

民主化人工智能客服旨在利用人工智能技术和自动化工具改进客户服务，使用户能够享受更平等、开放的用户中心的客户服务互动体验。其目标是消除不平等，提高用户的参与度和控制权，确保用户对客户服务流程和结果具有更直接的影响。这一方法注重用户权益、透明度、用户数据隐私和安全性以及参与式设计等方面。民主化人工智能客服旨在确保用户在客户服务互动中拥有更多的权力、控制和透明度，以创建更公平、开放和用户友好的客户服务体验。这有助于建立更亲近的客户服务关系，满足用户需求，并在保护用户数据和隐私的同时，减小不同用户群体之间的数字鸿沟。

在数字鸿沟方面，受制于年龄、互联网和数字设备访问的便捷性以及数字素养水平的影响，人工智能客服的使用可能带来数字鸿沟（Celik, 2023; Khowaja et al., 2023）。因此，技术的不断发展使得人工智能客服在交互方式和功能方面努力缩小数字鸿沟，以提高包容性（Følstad et al., 2018）。在交互方式上，智能客服从文本互动逐渐发展到语音互动，并结合了可穿戴技术，以更直接地捕捉用户的表情和动作，从而实现更高效的用户互动。在功能方面，人工智能客服被广泛应用于支持视障人士使用易于导航的互动系统（Kumar et al., 2016）以及支持年轻人参与社会议题的讨论题（Bae Brandtzeg et al., 2021）。人工智能技术在医疗保健领域的应用，已经证明能够有效地提升服务获取的便捷性，促进健康行为的积极转变（Bhirud et al., 2019），并补充现有的教育方案（Hwang & Chang, 2023）。随着人工智能技术的不断进步和普及，预期将有效地缩短信息技术应用方面的差距，进而使得更广泛的群体得以享受人工智能客服所带来的高效与多功能性优势。

人工智能客服系统为用户提供了便捷的信息获取、服务享受和社会参与途径，但其设计和实施过程中可能遭遇偏见和包容性方面的挑战。这方面仍然缺乏系统的和结构化的研究。设计具有包容性和社会责任感的人工智能客服，需要深入了解对话的各种语言元素以及更广泛的社会和情境因素。这包括研究用户在使用人工智能客服时面临的各种障碍。将人工智能客服应用于民主化、减少偏见和促进通用设计已成为社会责任人工智能客服愿景的一部分，这一愿景有望帮助解决这些挑战。尽管众多平台和框架宣称能够降低人工智能客服设计和开发的门槛，然而，为了实现人工智能客服的民主化，我们仍需深入探讨这些工具在具体应用中的策略和方法。了解技术能力有限的用户在使用相关平台和框架进行人工智能客服开发时可能遭遇的难题，以及探索通过优化设计和机器学习模型训练来应对这些挑战的方法，是至关重要的。这将有助于确保更多人能够充分利用人工智能客服的潜力，同时减少偏见和提高包容性。

鉴于前述背景与研究中存在的挑战，未来研究的潜在方向可以被明确地概述为如下两个方面。一是探索社会责任人工智能客服。为了充分实现人工智能客服在弥合数字鸿沟、提高服务和信息可访问性、可用性和可供性方面的潜力，社会责任人工智能客服应被视为人工智能客服研究和设计的关键视角。在该领域内，迫切需要开展系统性的研究工作，旨在深入探究现行人工智能客服系统应用过程中遭遇的障碍，并探索如何将这些系统有效地融入社会责任的框架之中。通过上述方法，研究可以聚焦于采纳标准化解决方案来克服当前面临的障碍，并采纳以用户需求为核心的设计方法，实施用户中心的设计策略。同时，也需对人工智能客服在不同应用场景中所遵循的规范及其伦理影响进行全面的探讨。二是面向不同用户群体的人工智能客服的包容设计。除了深入探索社会责任人工智能客服领域，研究与开发工作也将致力于进一步优化人工智能客服的设计和开发基础平台与框架,确保这些工具能够更加方便地为技术背景有限的用户所采用。在这一领域,未来的研究将集中于分析和理解开发者在创建过程中所面临的机会与挑战,并在此基础上,追踪这些挑战在开发和设计阶段的演变,寻求有效的解决方案。简化配置流程和降低编程需求可能是直接满足小型企业和研究团队需求的关键策略。同样,为非技术领域的大型企业提供易于实施的人工智能客服解决方案也至关重要。此外,开发平台时融入促进人工智能客服部署的策略,并在设计过程中提供最佳实践指导,将显著地提升最终产品的质量。

8.5 人工智能客服的伦理和隐私

人工智能客服在提供更加精准的服务的同时,也面临伦理和隐私挑战。在伦理层面,人工智能客服需要确保使用人工智能技术与人类用户互动时遵循道德原则和价值观。例如,类似ChatGPT这样的系统,其内在的价值观和决策逻辑可能会对用户产生潜移默化的影响(McGee, 2023)。因此,确保这些系统不偏袒、不歧视、不侮辱用户并提供中立的服务,就变得尤为重要。此外,系统的透明度和可解释性也是伦理问题的一部分。用户需要了解系统是如何作出决策的,以便能够信任其建议和回应。在隐私层面,人工智能客服需要处理用户的个人数据,这引发了一系列隐私问题。用户在使用人工智能客服时通常需要提供访问其数据的授权,这使得用户对其数据的获取、使用以及可能的共享存在疑虑。这些伦理和隐私问题在人工智能客服领域备受关注，因为它们关系到用户的隐私权和数据安全，以及系统如何影响用户的信任和态度。

近年来，人工智能备受政策制定和监管机构的广泛关注，伦理、隐私管理和信任的讨论也持续升温（Chung et al., 2017）。这种关注源于人工智能颠覆性的特质及其对就业市场带来的潜在影响，同时也涉及技术滥用的风险以及问责和偏见等问题。（Murtarelli et al., 2021）。从人工智能技术的设计和应用中产生的伦理担忧已经引发了众多伦理倡议（Hagendorff, 2020），例如，欧洲委员会人工智能专家组制定的关于可信人工智能的伦理准则规定，值得可信的人工智能应与法律法规保持一致，并考虑其社会背景。又如，微软的FATE（公平性、问责性、透明性和伦理）原则旨在减少人工智能系统中的偏见和歧视，并解决人工智能系统的公平性问题（Ntoutsi et al., 2020）。人工智能客服作为一项基于人工智能技术的服务，本质上也受到了伦理和隐私问题的挑战。这一伦理问题的升温趋势表明了社会对人工智能应用的担忧，以及对伦理原则和价值观在技术设计和应用中的核心作用的重视。在人工智能客服领域，伦理问题的关注有望推动更多关于如何确保人工智能系统的公平性、问责性和透明性，以及如何减少偏见和歧视的研究和实践。这将有助于确保人工智能客服能够更好地服务用户，同时尊重伦理原则和隐私权。

伦理和隐私挑战在人工智能客服研究领域备受关注。一方面，在日常使用上，人工智能客服的伦理和隐私议题被用户大大忽视。在日常使用中，用户更多地关注人工智能客服的信息处理效率和准确性，忽视了其内在的伦理和隐私问题（Lappeman et al.,

2023）。人工智能客服平台提供的信息缺乏透明度，使得用户无法全面了解数据是如何被使用的。因此，对于人工智能客服日常使用中的伦理和隐私问题需要长期关注。另一方面，当人工智能客服应用于敏感或高风险环境，尤其是在用户群体为边缘化或脆弱的个体时，如健康、教育领域（May & Denecke, 2022; Tlili et al., 2023），或为寻求庇护者和儿童提供支持的人工智能客服，伦理和隐私问题尤为突出。现有的伦理和隐私知识正不断扩展，为相关实践提供了宝贵的参考，已经形成了一系列针对数字系统，尤其是基于人工智能的系统的伦理和隐私指导原则及法规，以确保这些技术被负责任地使用。例如，具有类人特征和社交能力的人工智能客服互动可能引发伦理方面的考量。同一项服务可能涉及多个层面的问题，包括与第三方的互动可能触及隐私权问题，以及人工智能客服的情感效应对儿童和脆弱用户可能产生的影响。因此，开展深入研究工作显得尤为必要，旨在更全面地理解并妥善应对这些以及更多新兴的伦理和隐私问题，特别是在人工智能客服的应用背景下。这有助于确保人工智能客服的发展和应用更具伦理和隐私的可持续性，从而为用户提供更安全和可信赖的服务。

考虑到前述背景和挑战，未来的研究应当着重于以下三个方向。首先，长期跟踪人工智能客服日常使用情景中的伦理和隐私问题。未来的研究应当持续关注用户在日常生活中使用人工智能客服时的思维模式和反应机制。例如，人工智能客服在消费生命周期的哪一环会引发用户的隐私关注，是信息推荐环节还是付款环节？人工智能客服可能导致用户过度地分享信息，无意中传播错误信息或仇恨言论，并可能因过度人性化引发负面后果。此类研究有助于鉴别和理解不同领域和情境中的伦理和隐私挑战，为未来设计和使用人工智能客服提供有益的指导。其次，探索特定情景下人工智能客服产生的伦理和隐私影响。对于上文提到的敏感或高风险的情景，未来研究需要针对特定人群进行探索，分析人工智能客服在不同情景对不同人群的心理机制以及边界条件的影响，从而为人工智能客服的设计提供更精准的策略。最后，伦理设计是一项并行进行的工作，其目标是在人工智能客服技术及其应用的设计过程中融入伦理准则和原则。这个领域可以涵盖多个方面，包括隐私设计原则，将隐私视为伦理讨论和设计挑战的一部分。这包括探讨如何避免人工智能客服可能出现的偏见和歧视，如何避免拒绝服务，以及如何减轻机器学习"黑匣子"方法可能引入的伦理问题。

随着人工智能技术的快速发展和其应用范围的不断扩大，未来人工智能的发展不仅预示着技术进步的新突破，同时也将面对一系列新兴的挑战。这些挑战将带来宝贵的机遇，以深入理解人工智能客服的应用现状及其所面临的难题，进而为构建支持人工智能客服应用的框架和平台提供坚实的基础，也为人们的工作和社会带来更深远的影响，推动知识体系的进一步发展。

参考文献

[1] Addis, M., & Holbrook, M. B. (2001). On the conceptual link between mass customisation and experiential consumption: An explosion of subjectivity. *Journal of Consumer Behaviour: An International Research Review, 1*(1), 50–66.

[2] Aggarwal, P., Castleberry, S. B., Ridnour, R., & Shepherd, C. D. (2005). Salesperson empathy and listening: Impact on relationship outcomes. *Journal of Marketing Theory and Practice, 13*(3), 16–31.

[3] Allard, T., & Griffin, D. (2017). Comparative price and the design of effective product communications. *Journal of Marketing, 81*(5), 16–29.

[4] Andreasson, R., Alenljung, B., Billing, E., & Lowe, R. (2018). Affective touch in human–robot interaction: Conveying emotion to the Nao robot. *International Journal of Social Robotics, 10*, 473–491.

[5] Appel, M., Izydorczyk, D., Weber, S., Mara, M., & Lischetzke, T. (2020). The uncanny of mind in a machine: Humanoid robots as tools, agents, and experiencers. *Computers in Human Behavior, 102*, 274–286.

[6] Araujo, T. (2018). Living up to the chatbot hype: The influence of anthropomorphic design cues and communicative agency framing on conversational agent and company perceptions. *Computers in Human Behavior, 85*, 183–189.

[7] Arora, N., Dreze, X., Ghose, A., Hess, J. D., Iyengar, R., Jing, B., ... & Zhang, Z. J. (2008). Putting one-to-one marketing to work: Personalization, customization, and choice. *Marketing Letters, 19*, 305–321.

[8]　Ashfaq, M., Yun, J., Yu, S., & Loureiro, S. M. C. (2020). I, Chatbot: Modeling the determinants of users' satisfaction and continuance intention of AI-powered service agents. *Telematics and Informatics, 54*, 101473.

[9]　Ashktorab, Z., Jain, M., Liao, Q. V., & Weisz, J. D. (2019, May). Resilient chatbots: Repair strategy preferences for conversational breakdowns. In *Proceedings of the 2019 CHI Conference on Human Factors in Computing Systems* (pp. 1–12).

[10]　Atakan, S. S., Bagozzi, R. P., & Yoon, C. (2014a). Consumer participation in the design and realization stages of production: How self-production shapes consumer evaluations and relationships to products. *International Journal of Research in Marketing, 31*(4), 395–408.

[11]　Atakan, S. S., Bagozzi, R. P., & Yoon, C. (2014b). Make it your own: How process valence and self-construal affect evaluation of self-made products. *Psychology & Marketing, 31*(6), 451–468.

[12]　Bae Brandtzeg, P. B., Skjuve, M., Kristoffer Dysthe, K. K., & Følstad, A. (2021, May). When the social becomes non-human: Young people's perception of social support in chatbots. *In Proceedings of the 2021 CHI Conference on Human Factors in Computing Systems* (pp. 1–13).

[13]　Bai, X., Arapakis, I., Cambazoglu, B. B., & Freire, A. (2017). Understanding and leveraging the impact of response latency on user behaviour in web search. *ACM Transactions on Information Systems (TOIS), 36*(2), 1–42.

[14]　Baidoo-Anu, D., & Ansah, L. O. (2023). Education in the era of generative artificial intelligence (AI): Understanding the potential benefits of ChatGPT in promoting teaching and learning. *Journal of AI, 7*(1), 52–62.

[15]　Baldwin, T., Christodoulou, A., Gillenwater, C., Johnson, N., Kumar, A., Marchionini, G., ... & VanDrimmelen, J. (2015). Click/talk/touch/look/

think here: User interface with virtual space.

[16] Bansal, G., Zahedi, F. M., & Gefen, D. (2016). Do context and personality matter? Trust and privacy concerns in disclosing private information online. *Information & Management, 53*(1), 1–21.

[17] Barasch, A., & Berger, J. (2014). Broadcasting and narrowcasting: How audience size affects what people share. *Journal of Marketing Research, 51*(3), 286–299.

[18] Barasch, A., Zauberman, G., & Diehl, K. (2018). How the intention to share can undermine enjoyment: Photo-taking goals and evaluation of experiences. *Journal of Consumer Research, 44*(6), 1220–1237.

[19] Bardakci, A., & Whitelock, J. (2004). How "ready" are customers for mass customisation? An exploratory investigation. *European Journal of Marketing, 38*(11/12), 1396–1416.

[20] Baumeister, R. F. (1982). Self-esteem, self-presentation, and future interaction: A dilemma of reputation. *Journal of Personality, 50*(1), 29–45.

[21] Baumeister, R. F., Vohs, K. D., Aaker, J. L., & Garbinsky, E. N. (2013). 49 Some key differences between a happy life and a meaningful life. In *Positive Psychology in Search for Meaning* (pp. 49–60). Routledge.

[22] Bazarova, N. N., Taft, J. G., Choi, Y. H., & Cosley, D. (2013). Managing impressions and relationships on Facebook: Self-presentational and relational concerns revealed through the analysis of language style. *Journal of Language and Social Psychology, 32*(2), 121–141.

[23] Beattie, A., Edwards, A. P., & Edwards, C. (2020). A bot and a smile: Interpersonal impressions of chatbots and humans using emoji in computer-mediated communication. *Communication Studies, 71*(3), 409–427.

[24] Belanche, D., Casaló, L. V., & Flavián, C. (2020). Customer's acceptance of humanoid robots in services: The moderating role of risk aversion. In

Marketing and Smart Technologies: Proceedings of ICMarkTech 2019 (pp. 449–458). Springer Singapore.

［25］ Belk, R. W. (1988). Possessions and the extended self. *Journal of Consumer Research, 15*(2), 139–168.

［26］ Bennett, C. C., & Hauser, K. (2013). Artificial intelligence framework for simulating clinical decision-making: A Markov decision process approach. *Artificial Intelligence in Medicine, 57*(1), 9–19.

［27］ Bettman, J. R. (1973). Perceived risk and its components: A model and empirical test. *Journal of Marketing Research, 10*(2), 184–190.

［28］ Bhirud, N., Tataale, S., Randive, S., & Nahar, S. (2019). A literature review on chatbots in healthcare domain. *International Journal of Scientific & Technology Research, 8*(7), 225–231.

［29］ Birenbaum, M., & Tatsuoka, K. K. (1987). Open-ended versus multiple-choice response formats—It does make a difference for diagnostic purposes. *Applied Psychological Measurement, 11*(4), 385–395.

［30］ Blumenthal-Barby, J. S. (2016). Biases and heuristics in decision making and their impact on autonomy. *The American Journal of Bioethics, 16*(5), 5–15.

［31］ Bolino, M. C., Kacmar, K. M., Turnley, W. H., & Gilstrap, J. B. (2008). A multi-level review of impression management motives and behaviors. *Journal of Management, 34*(6), 1080–1109.

［32］ Boyraz, G., & Waits, J. B. (2015). Reciprocal associations among self-focused attention, self-acceptance, and empathy: A two-wave panel study. *Personality and Individual Differences, 74*, 84–89.

［33］ Bradshaw, T. (2015). Scientists and investors warn on AI. *Financial Times*, 12.

［34］ Broadbent, E. (2017). Interactions with robots: The truths we reveal about ourselves. *Annual Review of Psychology, 68*, 627–652.

[35] Brown, R. (2011). *Prejudice: Its social psychology*. John Wiley & Sons.

[36] Bruckman, A. S. (1996). Gender swapping on the Internet. High noon on the electronic frontier: Conceptual issues in cyberspace.

[37] Bott, N., Wexler, S., Drury, L., Pollak, C., Wang, V., Scher, K., & Narducci, S. (2019). A protocol-driven, bedside digital conversational agent to support nurse teams and mitigate risks of hospitalization in older adults: Case control pre-post study. *Journal of Medical Internet Research, 21*(10), e13440.

[38] Boudet, J., Gregg, B., Rathje, K., Stein, E., & Vollhardt, K. (2019). The future of personalization—and how to get ready for it. *Recuperado el*, 12.

[39] Bughin, J., Hazan, E., Ramaswamy, S., Chui, M., Allas T., Dahlström P., Henke M., & Trench M. (2017). Artificial intelligence the next digital frontier.

[40] Burgoon, J. K., & Jones, S. B. (1976). Toward a theory of personal space expectations and their violations. *Human Communication Research, 2*(2), 131–146.

[41] Byrnes, J. P., Miller, D. C., & Schafer, W. D. (1999). Gender differences in risk taking: A meta-analysis. *Psychological Bulletin, 125*(3), 367–383.

[42] Čaić, M., Mahr, D., & Oderkerken-Schröder, G. (2019). Value of social robots in services: Social cognition perspective. *Journal of Services Marketing, 33*(4), 463–478.

[43] Cameron, N. M. D. S. (2017). *Will robots take your job?: A plea for consensus*. John Wiley & Sons.

[44] Carver, C. S., & Scheier, M. F. (1978). Self-focusing effects of dispositional self-consciousness, mirror presence, and audience presence. *Journal of Personality and Social Psychology, 36*(3), 324–332.

[45] Castelo, N., Bos, M. W., & Lehmann, D. (2019). Let the machine decide: When consumers trust or distrust algorithms. *NIM Marketing Intelligence*

Review, 11(2), 24-29.

[46] Castelo, N., & Ward, A. (2016). Political affiliation moderates attitudes towards artificial intelligence. *ACR North American Advances*, 44.

[47] Cellan-Jones, R. (2014). Stephen Hawking warns artificial intelligence could end mankind. *BBC News, 2*(10), 2014, 1-18.

[48] Celik, I. (2023). Exploring the determinants of artificial intelligence (AI) literacy: Digital divide, computational thinking, cognitive absorption. *Telematics and Informatics, 83*, 102026.

[49] Chae, B., & Hoegg, J. (2013). The future looks "right": Effects of the horizontal location of advertising images on product attitude. *Journal of Consumer Research, 40*(2), 223-238.

[50] Chae, J. (2017). Virtual makeover: Selfie-taking and social media use increase selfie-editing frequency through social comparison. *Computers in Human Behavior, 66*, 370-376.

[51] Chan, K. W., Yim, C. K., & Lam, S. S. (2010). Is customer participation in value creation a double-edged sword? Evidence from professional financial services across cultures. *Journal of Marketing, 74*(3), 48-64.

[52] Chang, H. H., & Chen, S. W. (2008). The impact of customer interface quality, satisfaction and switching costs on e-loyalty: Internet experience as a moderator. *Computers in Human Behavior, 24*(6), 2927-2944.

[53] Chang, H. H., & Hung, I. W. (2018). Mirror, mirror on the retail wall: Self-focused attention promotes reliance on feelings in consumer decisions. *Journal of Marketing Research, 55*(4), 586-599.

[54] Cheek, J. M., & Briggs, S. R. (1982). Self-consciousness and aspects of identity. *Journal of Research in Personality, 16*(4), 401-408.

[55] Chiou, W.-B., & Lee, C.-C. (2013). Enactment of one-to-many communication may induce self-focused attention that leads to diminished perspective taking: The case of Facebook. *Judgment &*

Decision Making, 8(3), 372–380.

[56] Choi, T. R., & Sung, Y. (2018). Instagram versus Snapchat: Self-expression and privacy concern on social media. *Telematics and Informatics, 35*(8), 2289–2298.

[57] Chowdhury, S., Budhwar, P., Dey, P. K., Joel-Edgar, S., & Abadie, A. (2022). AI-employee collaboration and business performance: Integrating knowledge-based view, socio-technical systems and organisational socialisation framework. *Journal of Business Research, 144*, 31–49.

[58] Chu, S. C., & Choi, S. M. (2010). Social capital and self-presentation on social networking sites: a comparative study of Chinese and American young generations. *Chinese Journal of Communication, 3*(4), 402–420.

[59] Chung, H., Iorga, M., Voas, J., & Lee, S. (2017). Alexa, can I trust you?. *Computer, 50*(9), 100–104.

[60] Chung, M., Ko, E., Joung, H., & Kim, S. J. (2020). Chatbot e-service and customer satisfaction regarding luxury brands. *Journal of Business Research, 117*, 587–595.

[61] Coelho, P. S., & Henseler, J. (2012). Creating customer loyalty through service customization. *European Journal of Marketing, 46*(3/4), 331–356.

[62] Da Silveira, G., Borenstein, D., & Fogliatto, F. S. (2001). Mass customization: Literature review and research directions. *International Journal of Production Economics, 72*(1), 1–13.

[63] Dale, R. (2016). The return of the chatbots. *Natural Language Engineering, 22*(5), 811–817.

[64] Davis, S. M. (1990). *Future perfect* (pp. 18–28). Palgrave Macmillan UK.

[65] de Bellis, E., Griffin, J., Hildebrand, C., Hofstetter, R., & Herrmann, A. (2013). Can't see the forest for the trees: Increased local processing in mass customization systems. *ACR North American Advances.*

[66] Desmeules, R. (2002). The impact of variety on consumer happiness:

Marketing and the tyranny of freedom. *Academy of Marketing Science Review, 2002*(12), 1–18.

[67] Ding, Y., & Keh, H. T. (2016). A re-examination of service standardization versus customization from the consumer's perspective. *Journal of Services Marketing, 30*(1), 16–28.

[68] Dive, R. (2020). *Chatbot market report.* https://www.researchdive.com/5985/chatbot-market.

[69] Doherty, K., & Schlenker, B. R. (1991). Self-consciousness and strategic self-presentation. *Journal of Personality, 59*(1), 1–18.

[70] Došilović, F. K., Brčić, M., & Hlupić, N. (2018, May). Explainable artificial intelligence: A survey. In *2018 41st International Convention on Information and Communication Technology, Electronics and Microelectronics (MIPRO)* (pp. 0210–0215). IEEE.

[71] Duan, W., He, C., & Tang, X. (2020). Why do people browse and post on WeChat moments? Relationships among fear of missing out, strategic self-presentation, and online social anxiety. *Cyberpsychology, Behavior, and Social Networking, 23*(10), 708–714.

[72] Dujmovic, J. (2017). Opinion: What's holding back artificial intelligence. Americans don't trust it. *MarketWatch*, 30.

[73] Duray, R. (2002). Mass customization origins: mass or custom manufacturing?. *International Journal of Operations & Production Management, 22*(3), 314–328.

[74] Duray, R., Ward, P. T., Milligan, G. W., & Berry, W. L. (2000). Approaches to mass customization: Configurations and empirical validation. *Journal of Operations Management, 18*(6), 605–625.

[75] Duval, T. S., & Lalwani, N. (1999). Objective self-awareness and causal attributions for self-standard discrepancies: Changing self or changing standards of correctness. *Personality and Social Psychology Bulletin,*

25(10), 1220-1229.

[76] Edwards, C., Edwards, A., Spence, P. R., & Shelton, A. K. (2014). Is that a bot running the social media feed? Testing the differences in perceptions of communication quality for a human agent and a bot agent on Twitter. *Computers in Human Behavior, 33*, 372-376.

[77] Esteva, A., Kuprel, B., Novoa, R. A., Ko, J., Swetter, S. M., Blau, H. M., & Thrun, S. (2017). Dermatologist-level classification of skin cancer with deep neural networks. *Nature, 542*(7639), 115-118.

[78] Eyssel, F., & Hegel, F. (2012). (S) he's got the look: Gender stereotyping of robots 1. *Journal of Applied Social Psychology, 42*(9), 2213-2230.

[79] Eyssel, F., & Kuchenbrandt, D. (2012). Social categorization of social robots: Anthropomorphism as a function of robot group membership. *British Journal of Social Psychology, 51*(4), 724-731.

[80] Fan, A., Wu, L., & Mattila, A. S. (2016). Does anthropomorphism influence customers' switching intentions in the self-service technology failure context?. *Journal of Services Marketing, 30*(7), 713-723.

[81] Fethi, M. D., & Pasiouras, F. (2010). Assessing bank efficiency and performance with operational research and artificial intelligence techniques: A survey. *European Journal of Operational Research, 204*(2), 189-198.

[82] Fenigstein, A., & Abrams, D. (1993). Self-attention and the egocentric assumption of shared perspectives. *Journal of Experimental Social Psychology, 29*(4), 287-303.

[83] Fenigstein, A., Scheier, M. F., & Buss, A. H. (1975). Public and private self-consciousness: Assessment and theory. *Journal of Consulting and Clinical Ppsychology, 43*(4), 522.

[84] Ferrari, F., Paladino, M. P., & Jetten, J. (2016). Blurring human-machine distinctions: Anthropomorphic appearance in social robots

as a threat to human distinctiveness. *International Journal of Social Robotics, 8*, 287-302.

[85] Fiore, A. M., Lee, S. E., Kunz, G., & Campbell, J. R. (2001). Relationships between optimum stimulation level and willingness to use mass customisation options. *Journal of Fashion Marketing and Management: An International Journal, 5*(2), 99-107.

[86] Fiore, A. M., Lee, S. E., & Kunz, G. (2004). Individual differences, motivations, and willingness to use a mass customization option for fashion products. *European Journal of Marketing, 38*(7), 835-849.

[87] Fiske, S. T., Cuddy, A. J., & Glick, P. (2007). Universal dimensions of social cognition: Warmth and competence. *Trends in Cognitive Sciences, 11*(2), 77-83.

[88] Flory, J. D., Räikkönen, K., Matthews, K. A., & Owens, J. F. (2000). Self-focused attention and mood during everyday social interactions. *Personality and Social Psychology Bulletin, 26*(7), 875-883.

[89] Fogliatto, F. S., Da Silveira, G. J., & Borenstein, D. (2012). The mass customization decade: An updated review of the literature. *International Journal of Production Economics, 138*(1), 14-25.

[90] Følstad, A., Araujo, T., Law, E. L. C., Brandtzaeg, P. B., Papadopoulos, S., Reis, L., ... & Luger, E. (2021). Future directions for chatbot research: An interdisciplinary research agenda. *Computing, 103*(12), 2915-2942.

[91] Følstad, A., & Brandtzaeg, P. B. (2020). Users' experiences with chatbots: Findings from a questionnaire study. *Quality and User Experience, 5*(1), 3.

[92] Følstad, A., Brandtzaeg, P. B., Feltwell, T., Law, E. L., Tscheligi, M., & Luger, E. A. (2018, April). SIG: chatbots for social good. In *Extended Abstracts of the 2018 CHI Conference on Human Factors in Computing*

Systems (pp. 1–4).

[93] Ford, R. C., & Heaton, C. P. (2001). Managing your guest as a quasi-employee. *Cornell Hotel and Restaurant Administration Quarterly, 42*(2), 46–55.

[94] Forbes, M. R. (2019). *Experiences of using intelligent virtual assistants by visually impaired students in online higher education.* University of South Florida.

[95] Förster, J., & Higgins, E. T. (2005). How global versus local perception fits regulatory focus. *Psychological Science, 16*(8), 631–636.

[96] Franke, N., & Piller, F. (2004). Value creation by toolkits for user innovation and design: The case of the watch market. *Journal of Product Innovation Management, 21*(6), 401–415.

[97] Franke, N., & Schreier, M. (2008). Product uniqueness as a driver of customer utility in mass customization. *Marketing Letters, 19*, 93–107.

[98] Fraune, M. R., Oisted, B. C., Sembrowski, C. E., Gates, K. A., Krupp, M. M., & Šabanović, S. (2020). Effects of robot-human versus robot-robot behavior and entitativity on anthropomorphism and willingness to interact. *Computers in Human Behavior, 105*, 106220.

[99] Fu, F., Tarnita, C. E., Christakis, N. A., Wang, L., Rand, D. G., & Nowak, M. A. (2012). Evolution of in-group favoritism. *Scientific Reports, 2*(1), 460.

[100] Fujita, K., Eyal, T., Chaiken, S., Trope, Y., & Liberman, N. (2008). Influencing attitudes toward near and distant objects. *Journal of Experimental Social Psychology, 44*(3), 562–572.

[101] Geukes, K., Mesagno, C., Hanrahan, S. J., & Kellmann, M. (2013). Activation of self-focus and self-presentation traits under private, mixed, and public pressure. *Journal of Sport and Exercise Psychology, 35*(1), 50–59.

[102] Goffman, E. (2016). The presentation of self in everyday life. In *Social*

Theory Re-Wired (pp. 482−493). Routledge.

[103] Graham, M., Hjorth, I., & Lehdonvirta, V. (2017). Digital labour and development: Impacts of global digital labour platforms and the gig economy on worker livelihoods. *Transfer: European Review of Labour and Research, 23*(2), 135−162.

[104] Gray, H. M., Gray, K., & Wegner, D. M. (2007). Dimensions of mind perception. *Science, 315*(5812), 619−619.

[105] Gray, K., & Wegner, D. M. (2012). Feeling robots and human zombies: Mind perception and the uncanny valley. *Cognition, 125*(1), 125−130.

[106] Greenwald, A. G., Bellezza, F. S., & Banaji, M. R. (1988). Is self-esteem a central ingredient of the self-concept?. *Personality and Social Psychology Bulletin, 14*(1), 34−45.

[107] Grove, W. M., Zald, D. H., Lebow, B. S., Snitz, B. E., & Nelson, C. (2000). Clinical versus mechanical prediction: A meta-analysis. *Psychological Assessment, 12*(1), 19−30.

[108] Grösch, M., & Steul-Fischer, M. (2017). Defaults and advice in self-customization procedures of insurance. *Zeitschrift für die gesamte Versicherungswissenschaft, 106*, 325−341.

[109] Grudin, J., & Jacques, R. (2019, May). Chatbots, humbots, and the quest for artificial general intelligence. In *Proceedings of the 2019 CHI Conference on Human Factors in Computing Systems* (pp. 1−11).

[110] Grundke, A., Stein, J.-P., & Appel, M. (2022). Improving evaluations of advanced robots by depicting them in harmful situations. *Computers in Human Behavior, 140*, 107565.

[111] Gustafsod, P. E. (1998). Gender Differences in risk perception: Theoretical and methodological erspectives. *Risk Analysis, 18*(6), 805−811.

[112] Hagendorff, T. (2020). The ethics of AI ethics: An evaluation of guidelines. *Minds and Machines, 30*(1), 99−120.

[113] Han, D., Duhachek, A., & Agrawal, N. (2016). Coping and construal level matching drives health message effectiveness via response efficacy or self-efficacy enhancement. *Journal of Consumer Research, 43*(3), 429–447.

[114] Hancock, J. T., Toma, C., & Ellison, N. (2007, April). The truth about lying in online dating profiles. In *Proceedings of the SIGCHI Conference on Human Factors in Computing Systems* (pp. 449–452).

[115] Haslam, N. (2006). Dehumanization: An integrative review. *Personality and Social Psychology Review, 10*(3), 252–264.

[116] Haslam, N., Kashima, Y., Loughnan, S., Shi, J., & Suitner, C. (2008). Subhuman, inhuman, and superhuman: Contrasting humans with nonhumans in three cultures. *Social Cognition, 26*(2), 248–258.

[117] Haslam, N., & Loughnan, S. (2014). Dehumanization and infrahumanization. *Annual Review of Psychology, 65*, 399–423.

[118] Hassanein, K., & Head, M. (2007). Manipulating perceived social presence through the web interface and its impact on attitude towards online shopping. *International journal of human-computer studies, 65*(8), 689–708.

[119] Hayes, A. F. (2017). *Introduction to mediation, moderation, and conditional process analysis: A regression-based approach*. Guilford Publications.

[120] He, Y., Zhang, J., Zhou, Y., & Yang, Z. (2019). "Monkey see, monkey do?": The effect of construal level on consumers' reactions to others' unethical behavior. *Journal of Business Ethics, 156*, 455–472.

[121] He, Y., Zhou, Q., Guo, S., & Xiong, J. (2021). The matching effect of anthropomorphized brand roles and product messaging on product attitude. *Asia Pacific Journal of Marketing and Logistics, 33*(4), 974–993.

[122] Heidenreich, S., & Handrich, M. (2015). Adoption of technology-based services: The role of customers' willingness to co-create. *Journal of*

　　　　　Service Management, 26(1), 44-71.

[123] Hertz, N., & Wiese, E. (2019). Good advice is beyond all price, but what if it comes from a machine?. *Journal of Experimental Psychology: Applied, 25*(3), 386-395.

[124] Hill, J., Ford, W. R., & Farreras, I. G. (2015). Real conversations with artificial intelligence: A comparison between human–human online conversations and human–chatbot conversations. *Computers in Human Behavior, 49*, 245-250.

[125] Hobert, S., & Berens, F. (2020). Small talk conversations and the long-term use of chatbots in educational settings–experiences from a field study. In *Chatbot Research and Design: Third International Workshop, CONVERSATIONS 2019, Amsterdam, The Netherlands, November 19–20, 2019, Revised Selected Papers 3* (pp. 260-272). Springer International Publishing.

[126] Homburg, C., Wieseke, J., & Bornemann, T. (2009). Implementing the Marketing Concept at the Employee-Customer Interface: The Role of Customer Need Knowledge. *Journal of Marketing, 73*(4), 64-81.

[127] Hoyt, C. L., Blascovich, J., & Swinth, K. R. (2003). Social inhibition in immersive virtual environments. *Presence, 12*(2), 183-195.

[128] Hu, M., Huang, F., Hou, H., Chen, Y., & Bulysheva, L. (2016). Customized logistics service and online shoppers' satisfaction: an empirical study. *Internet Research, 26*(2), 484-497.

[129] Huang, M. H., & Rust, R. T. (2018). Artificial intelligence in service. *Journal of Service Research, 21*(2), 155-172.

[130] Huddy, L., & Terkildsen, N. (1993). Gender stereotypes and the perception of male and female candidates. *American Journal of Political Science*, 119-147.

[131] Hwang, G. J., & Chang, C. Y. (2023). A review of opportunities and

challenges of chatbots in education. *Interactive Learning Environments, 31*(7), 4099-4112.

[132] IDC (2022). IDC FutureScape: Worldwide artificial intelligence and automation 2022 predictions. IDC Research, https://www.idc.com/getdoc.jsp?containerId=US48298421.

[133] Inbar, Y., Cone, J., & Gilovich, T. (2010). People's intuitions about intuitive insight and intuitive choice. *Journal of Personality and Social Psychology, 99*(2), 232-247.

[134] Iqbal, Z., Verma, R., & Baran, R. (2003). Understanding consumer choices and preferences in transaction-based e-services. *Journal of Service Research, 6*(1), 51-65.

[135] Jensen Schau, H., & Gilly, M. C. (2003). We are what we post? Self-presentation in personal web space. *Journal of Consumer Research, 30*(3), 385-404.

[136] Jiang, Q., Zhang, Y., & Pian, W. (2022). Chatbot as an emergency exist: Mediated empathy for resilience via human-AI interaction during the COVID-19 pandemic. *Information Processing & Management, 59*(6), 103074.

[137] Jiang, Z., Guan, C., & de Haaij, I. L. (2020). Congruity and processing fluency: An analysis on the effectiveness of embedded online video advertising. *Asia Pacific Journal of Marketing and Logistics, 32*(5), 1070-1088.

[138] Jörling, M., Böhm, R., & Paluch, S. (2019). Service robots: Drivers of perceived responsibility for service outcomes. *Journal of Service Research, 22*(4), 404-420.

[139] Kaiser, U., Schreier, M., & Janiszewski, C. (2017). The self-expressive customization of a product can improve performance. *Journal of Marketing Research, 54*(5), 816-831.

[140] Kamis, A., Koufaris, M., & Stern, T. (2008). Using an attribute-based decision support system for user-customized products online: An experimental investigation. *MIS Quarterly*, 159-177.

[141] Kang, H., & Sundar, S. S. (2013). Depleted egos and affirmed selves: The two faces of customization. *Computers in Human Behavior, 29*(6), 2273-2280.

[142] Kang, S. H., & Gratch, J. (2010). Virtual humans elicit socially anxious interactants' verbal self-disclosure. *Computer Animation and Virtual Worlds, 21*(3-4), 473-482.

[143] Kang, Y. J., & Lee, W. J. (2015). Self-customization of online service environments by users and its effect on their continuance intention. *Service Business, 9*, 321-342.

[144] Kasiri, L. A., Cheng, K. T. G., Sambasivan, M., & Sidin, S. M. (2017). Integration of standardization and customization: Impact on service quality, customer satisfaction, and loyalty. *Journal of Retailing and Consumer Services, 35*, 91-97.

[145] Kelley, S. W., Donnelly Jr, J. H., & Skinner, S. J. (1990). Customer participation in service production and delivery. *Journal of Retailing, 66*(3), 315-335.

[146] Khowaja, S. A., Khuwaja, P., & Dev, K. (2023). ChatGPT needs SPADE (sustainability, privAcy, digital divide, and ethics) evaluation: A review. *arXiv preprint arXiv*:2305.03123.

[147] Kim, T. W., & Duhachek, A. (2020). Artificial intelligence and persuasion: A construal-level account. *Psychological Science, 31*(4), 363-380.

[148] Kim, W., Ryoo, Y., Lee, S., & Lee, J. A. (2023). Chatbot advertising as a double-edged sword: The roles of regulatory focus and privacy concerns. *Journal of Advertising, 52*(4), 504-522.

[149] King, M. R., & ChatGPT. (2023). A conversation on artificial intelligence, chatbots, and plagiarism in higher education. *Cellular and Molecular Bioengineering, 16*(1), 1–2.

[150] Komunda, M., & Osarenkhoe, A. (2012). Remedy or cure for service failure?: Effects of service recovery on customer satisfaction and loyalty. *Business Process Management Journal, 18*(1), 82–103.

[151] Konya-Baumbach, E., Biller, M., & von Janda, S. (2023). Someone out there? A study on the social presence of anthropomorphized chatbots. *Computers in Human Behavior*, 139, 107513.

[152] Kozak, M. N., Marsh, A. A., & Wegner, D. M. (2006). What do I think you're doing? Action identification and mind attribution. *Journal of Personality and Social Psychology, 90*(4), 543–555.

[153] Kramer, T., & Min Kim, H. (2007). Processing fluency versus novelty effects in deal perceptions. *Journal of Product & Brand Management, 16*(2), 142–147.

[154] Kühnen, U., & Oyserman, D. (2002). Thinking about the self influences thinking in general: Cognitive consequences of salient self-concept. *Journal of Experimental Social Psychology, 38*(5), 492–499.

[155] Kumar, M. N., Chandar, P. L., Prasad, A. V., & Sumangali, K. (2016, December). Android based educational chatbot for visually impaired people. In *2016 IEEE International Conference on Computational Intelligence and Computing Research (ICCIC)* (pp. 1–4). IEEE.

[156] Kumar, V., Rajan, B., Venkatesan, R., & Lecinski, J. (2019). Understanding the role of artificial intelligence in personalized engagement marketing. *California Management Review, 61*(4), 135–155.

[157] Kwon, S., Ha, S., & Kowal, C. (2017). How online self-customization creates identification: Antecedents and consequences of consumer-customized product identification and the role of product involvement.

Computers in Human Behavior, 75, 1-13.

[158] Lappeman, J., Marlie, S., Johnson, T., & Poggenpoel, S. (2023). Trust and digital privacy: Willingness to disclose personal information to banking chatbot services. *Journal of Financial Services Marketing, 28*(2), 337-357.

[159] Leachman, S. A., & Merlino, G. (2017). The final frontier in cancer diagnosis. *Nature, 542*(7639), 36-38.

[160] Leary, M. R., & Kowalski, R. M. (1990). Impression management: A literature review and two-component model. *Psychological Bulletin, 107*(1), 34-37.

[161] Lee, A. Y., & Aaker, J. L. (2004). Bringing the frame into focus: The influence of regulatory fit on processing fluency and persuasion. *Journal of Personality and Social Psychology, 86*(2), 205-218.

[162] Lee, A. Y., Keller, P. A., & Sternthal, B. (2010). Value from regulatory construal fit: The persuasive impact of fit between consumer goals and message concreteness. *Journal of Consumer Research, 36*(5), 735-747.

[163] Lee, H. H., & Chang, E. (2011). Consumer attitudes toward online mass customization: An application of extended technology acceptance model. *Journal of Computer-Mediated Communication, 16*(2), 171-200.

[164] Lee, J. D., & See, K. A. (2004). Trust in automation: Designing for appropriate reliance. *Human Factors, 46*(1), 50-80.

[165] Leung, E., Paolacci, G., & Puntoni, S. (2018). Man versus machine: Resisting automation in identity-based consumer behavior. *Journal of Marketing Research, 55*(6), 818-831.

[166] Levesque, N., & Boeck, H. (2017). Proximity marketing as an enabler of mass customization and personalization in a customer service experience. In *Managing Complexity: Proceedings of the 8th World Conference on Mass Customization, Personalization, and Co-Creation*

(MCPC 2015), Montreal, Canada, October 20th–22th, 2015 (pp. 405–420). Springer International Publishing.

[167] Levy, S. J. (1959). Symbols for sale. *Harvard Business Review, 37*(4), 117–124.

[168] Lew, Z., Walther, J. B., Pang, A., & Shin, W. (2018). Interactivity in online chat: Conversational contingency and response latency in computer-mediated communication. *Journal of Computer-Mediated Communication, 23*(4), 201–221.

[169] Li, M., & Mao, J. (2015). Hedonic or utilitarian? Exploring the impact of communication style alignment on user's perception of virtual health advisory services. *International Journal of Information Management, 35*(2), 229–243.

[170] Liang, Y. (2016). *Websites vs. apps: A comparison of consumer acceptance of apparel mass-customization across channels*. Louisiana State University and Agricultural & Mechanical College.

[171] Liu, B. (2010). Sentiment analysis and subjectivity. *Handbook of Natural Language Processing, 2*(2010), 627–666.

[172] Liu, B. (2021). In AI we trust? Effects of agency locus and transparency on uncertainty reduction in human–AI interaction. *Journal of Computer-Mediated Communication, 26*(6), 384–402.

[173] Liu, B., & Sundar, S. S. (2018). Should machines express sympathy and empathy? Experiments with a health advice chatbot. *Cyberpsychology Behavior and Social Networking, 21*(10), 625–636.

[174] Ljepava, N., Orr, R. R., Locke, S., & Ross, C. (2013). Personality and social characteristics of Facebook non-users and frequent users. *Computers in Human Behavior, 29*(4), 1602–1607.

[175] Lobera, J., Rodríguez, C. J. F., & Torres-Albero, C. (2020). Privacy, values and machines: Predicting opposition to artificial intelligence. In

Communicating Artificial Intelligence (AI) (pp. 80–97). Routledge.

[176] Logg, J. M., Minson, J. A., & Moore, D. A. (2019). Algorithm appreciation: People prefer algorithmic to human judgment. *Organizational Behavior and Human Decision Processes, 151*, 90–103.

[177] Loken, B. (2006). Consumer psychology: Categorization, inferences, affect, and persuasion. *Annu. Rev. Psychol., 57*, 453–485.

[178] Longoni, C., Bonezzi, A., & Morewedge, C. K. (2019). Resistance to medical artificial intelligence. *Journal of Consumer Research, 46*(4), 629–650.

[179] Longoni, C., & Cian, L. (2020). When do we trust AI's recommendations more than people's. *Harvard Business Review, 23*, 1–6.

[180] Lowry, P. B., Romano, N. C., Jenkins, J. L., & Guthrie, R. W. (2009). The CMC interactivity model: How interactivity enhances communication quality and process satisfaction in lean-media groups. *Journal of Management Information Systems, 26*(1), 155–196.

[181] Loughnan, S., & Haslam, N. (2007). Animals and androids: Implicit associations between social categories and nonhumans. *Psychological Science, 18*(2), 116–121.

[182] Lovelock, C. H., & Young, R. F. (1979). Look to consumers to increase productivity. *Harvard Business Review, 57*(3), 168–178.

[183] Lu, V. N., Wirtz, J., Kunz, W. H., Paluch, S., Gruber, T., Martins, A., & Patterson, P. G. (2020). Service robots, customers and service employees: What can we learn from the academic literature and where are the gaps?. *Journal of Service Theory and Practice, 30*(3), 361–391.

[184] Lucas, G. M., Gratch, J., King, A., & Morency, L.-P. (2014). It's only a computer: Virtual humans increase willingness to disclose. *Computers in Human Behavior, 37*, 94–100.

[185] Luo, X., Tong, S., Fang, Z., & Qu, Z. (2019). Frontiers: Machines vs.

humans: The impact of artificial intelligence chatbot disclosure on customer purchases. *Marketing Science, 38*(6), 937-947.

[186] Lynn, M., & Harris, J. (1997). The desire for unique consumer products: A new individual differences scale. *Psychology & Marketing, 14*(6), 601-616.

[187] Maar, D., Besson, E., & Kefi, H. (2023). Fostering positive customer attitudes and usage intentions for scheduling services via chatbots. *Journal of Service Management, 34*(2), 208-230.

[188] MacDorman, K. F., & Ishiguro, H. (2006). The uncanny advantage of using androids in cognitive and social science research. *Interaction Studies. Social Behaviour and Communication in Biological and Artificial Systems, 7*(3), 297-337.

[189] Mai, E. S., & Ketron, S. (2021). How retailer ownership of vs. collaboration with sharing economy apps affects anticipated service quality and value co-creation. *Journal of Business Research, 140*, 684-692.

[190] Masahiro, M. (1970). The uncanny valley. *Energy, 7*(4), 33.

[191] Mathews, M. A., & Green, J. D. (2010). Looking at me, appreciating you: Self-focused attention distinguishes between gratitude and indebtedness. *Cognition & Emotion, 24*(4), 710-718.

[192] Manyika, J., Chui, M., Miremadi, M., Bughin, J., George, K., Willmott, P., & Dewhurst, M. (2017). A future that works: AI, automation, employment, and productivity. *McKinsey Global Institute Research, Tech. Rep, 60*, 1-135.

[193] May, R., & Denecke, K. (2022). Security, privacy, and healthcare-related conversational agents: A scoping review. *Informatics for Health and Social Care, 47*(2), 194-210.

[194] McAndrew, F. T., & Koehnke, S. S. (2016). On the nature of creepiness. *New Ideas in Psychology, 43*, 10-15.

[195] McDuff, D., Kaliouby, R., Senechal, T., Amr, M., Cohn, J., & Picard,

R. (2013). Affectiva-mit facial expression dataset (am-fed): Naturalistic and spontaneous facial expressions collected. In *Proceedings of the IEEE Conference on Computer Vision and Pattern Recognition Workshops* (pp. 881–888).

[196] McGee, Robert W. (2023). Is chat gpt biased against conservatives? An empirical study. https://ssrn.com/abstract=4359405.

[197] McLean, G., Osei-Frimpong, K., & Barhorst, J. (2021). Alexa, do voice assistants influence consumer brand engagement?–Examining the role of AI powered voice assistants in influencing consumer brand engagement. *Journal of Business Research, 124*, 312–328.

[198] McTear, M. (2022). *Conversational AI: Dialogue systems, conversational agents, and chatbots.* Springer Nature.

[199] Meltzoff, A. N., & Moore, M. K. (1992). Early imitation within a functional framework: The importance of person identity, movement, and development. *Infant Behavior & Development, 15*(4), 479–505.

[200] Mende, M., Scott, M. L., van Doorn, J., Grewal, D., & Shanks, I. (2019). Service robots rising: How humanoid robots influence service experiences and elicit compensatory consumer responses. *Journal of Marketing Research, 56*(4), 535–556.

[201] Merkle, M. (2019). Customer responses to service robots–comparing human-robot interaction with human-human interaction. *In Proceedings of the 52nd Hawaii International Conference on System Sciences* (pp. 1396–1405).

[202] Merle, A., Chandon, J. L., Roux, E., & Alizon, F. (2010). Perceived value of the mass-customized product and mass customization experience for individual consumers. *Production and Operations Management, 19*(5), 503–514.

[203] Meyer, J. (2011). Workforce age and technology adoption in small and

medium-sized service firms. *Small Business Economics, 37*, 305-324.

[204] Meyers-Levy, J., & Tybout, A. M. (1989). Schema congruity as a basis for product evaluation. *Journal of Consumer Research, 16*(1), 39-54.

[205] Miao, F., Kozlenkova, I. V., Wang, H., Xie, T., & Palmatier, R. W. (2022). An emerging theory of avatar marketing. *Journal of Marketing, 86*(1), 67-90.

[206] Miceli, G. N., Raimondo, M. A., & Farace, S. (2013). Customer attitude and dispositions towards customized products: The interaction between customization model and brand. *Journal of Interactive Marketing, 27*(3), 209-225.

[207] Mills, P. K., Chase, R. B., & Margulies, N. (1983). Motivating the client/employee system as a service production strategy. *Academy of Management Review, 8*(2), 301-310.

[208] Mittal, B. (2006). I, me, and mine—how products become consumers' extended selves. *Journal of Consumer Behaviour: An International Research Review, 5*(6), 550-562.

[209] Mogilner, C., Aaker, J. L., & Pennington, G. L. (2008). Time will tell: The distant appeal of promotion and imminent appeal of prevention. *Journal of Consumer Research, 34*(5), 670-681.

[210] Mohr, J. J., & Sohi, R. S. (1995). Communication flows in distribution channels: Impact on assessments of communication quality and satisfaction. *Journal of Retailing, 71*(4), 393-415.

[211] Moon, Y. (2000). Intimate exchanges: Using computers to elicit self-disclosure from consumers. *Journal of Consumer Research, 26*(4), 323-339.

[212] Mori, M; MacDorman, K. F., & Kaggeki, N. (2012). The uncanny valley [from the field]. *IEEE Robotics & automation Magazine, 19*(2), 98-100.

[213] Morris, M. G., & Venkatesh, V. (2000). Age differences in technology

adoption decisions: Implications for a changing work force. *Personnel Psychology, 53*(2), 375-403.

[214] Mou, Y., & Xu, K. (2017). The media inequality: Comparing the initial human-human and human-AI social interactions. *Computers in Human Behavior, 72*, 432-440.

[215] Mourali, M., & Pons, F. (2009). Regulatory fit from attribute-based versus alternative-based processing in decision making. *Journal of Consumer Psychology, 19*(4), 643-651.

[216] Müller, V. C., & Bostrom, N. (2016). Future progress in artificial intelligence: A survey of expert opinion. *In Fundamental Issues of Artificial Intelligence* (pp. 555-572). Springer.

[217] Murtarelli, G., Gregory, A., & Romenti, S. (2021). A conversation-based perspective for shaping ethical human–machine interactions: The particular challenge of chatbots. *Journal of Business Research, 129*, 927-935.

[218] Musib, M., Wang, F., Tarselli, M. A., Yoho, R., Yu, K. H., Andrés, R. M., ... & Sharafeldin, I. M. (2017). Artificial intelligence in research. *Science, 357*(6346), 28-30.

[219] Nadarzynski, T., Miles, O., Cowie, A., & Ridge, D. (2019). Acceptability of artificial intelligence (AI)-led chatbot services in healthcare: A mixed-methods study. *Digital Health, 5,* 2055207619871808.

[220] Namasivayam, K., Guchait, P., & Lei, P. (2014). The influence of leader empowering behaviors and employee psychological empowerment on customer satisfaction. *International Journal of Contemporary Hospitality Management, 26*(1), 69-84.

[221] Nardini, G., & Sela, A. (2019). When self-customization backfires: The role of a maximizing mindset. *Psychology & Marketing, 36*(7), 730-741.

[222] Nass, C., & Moon, Y. (2000). Machines and mindlessness: Social

responses to computers. *Journal of Social Issues, 56*(1), 81–103.

[223] Nass, C., Moon, Y., & Carney, P. (1999). Are respondents polite to computers? Social desirability and direct responses to computers. *Journal of Applied Social Psychology, 29*(5), 1093–1110.

[224] Nass, C., Moon, Y., & Green, N. (1997). Are machines gender neutral? Gender-stereotypic responses to computers with voices. *Journal of Applied Social Psychology, 27*(10), 864–876.

[225] National Science and Technology Council (US). Select Committee on Artificial Intelligence. (2019). *The national artificial intelligence research and development strategic plan: 2019 update* (p. 50). National Science and Technology Council (US), Select Committee on Artificial Intelligence.

[226] Nelson, S. K., Layous, K., Cole, S. W., & Lyubomirsky, S. (2016). Do unto others or treat yourself? The effects of prosocial and self-focused behavior on psychological flourishing. *Emotion, 16*(6), 850–861.

[227] Nichols, S. (2008). How can psychology contribute to the free will debate? In J. Baer, J. C. Kaufman, & R. F. Baumeister (Eds.), *Are we free? Psychology and free will* (pp. 10–31). Oxford University Press.

[228] Nicovich, S. G., Boller, G. W., & Cornwell, T. B. (2005). Experienced presence within computer-mediated communications: Initial explorations on the effects of gender with respect to empathy and immersion. *Journal of Computer-Mediated Communication, 10*(2), JCMC1023.

[229] Novemsky, N., Dhar, R., Schwarz, N., & Simonson, I. (2007). Preference fluency in choice. *Journal of Marketing Research, 44*(3), 347–356.

[230] Ntoutsi, E., Fafalios, P., Gadiraju, U., Iosifidis, V., Nejdl, W., Vidal, M. E., ... & Staab, S. (2020). Bias in data-driven artificial intelligence systems—An introductory survey. *Wiley Interdisciplinary Reviews: Data Mining and Knowledge Discovery, 10*(3), e1356.

[231] O'brien, M. (2019). Will robots take your job? Quarter of US workers at risk. *AP News*.

[232] Pan, Y., Froese, F., Liu, N., Hu, Y., & Ye, M. (2022). The adoption of artificial intelligence in employee recruitment: The influence of contextual factors. *The International Journal of Human Resource Management, 33*(6), 1125-1147.

[233] Panayiotou, G., & Vrana, S. R. (2004). The role of self-focus, task difficulty, task self-relevance, and evaluation anxiety in reaction time performance. *Motivation and Emotion, 28*, 171-196.

[234] Park, D. H., Hendricks, L. A., Akata, Z., Schiele, B., Darrell, T., & Rohrbach, M. (2016). Attentive explanations: Justifying decisions and pointing to the evidence. *arXiv preprint arXiv:1612.04757*.

[235] Park, G., Yim, M. C., Chung, J., & Lee, S. (2023). Effect of AI chatbot empathy and identity disclosure on willingness to donate: The mediation of humanness and social presence. *Behaviour & Information Technology, 42*(12), 1998-2010.

[236] Patel, V. L., Shortliffe, E. H., Stefanelli, M., Szolovits, P., Berthold, M. R., Bellazzi, R., & Abu-Hanna, A. (2009). The coming of age of artificial intelligence in medicine. *Artificial Intelligence in Medicine, 46*(1), 5-17.

[237] Paulhus, D. L., Bruce, M. N., & Trapnell, P. D. (1995). Effects of self-presentation strategies on personality profiles and their structure. *Personality and Social Psychology Bulletin, 21*(2), 100-108.

[238] Pennington, G. L., & Roese, N. J. (2003). Regulatory focus and temporal distance. *Journal of Experimental Social Psychology, 39*(6), 563-576.

[239] Phillips, E., Zhao, X., Ullman, D., & Malle, B. F. (2018, February). What is human-like? Decomposing robots' human-like appearance using the anthropomorphic robot (abot) database. In *Proceedings of the*

2018 ACM/IEEE International Conference on Human-Robot Interaction (pp. 105−113).

[240] Piccolo, L. S., Mensio, M., & Alani, H. (2018, October). Chasing the chatbots: Directions for interaction and design research. In I*nternational Conference on Internet Science* (pp. 157−169). Springer International Publishing.

[241] Pierce, J. L., Kostova, T., & Dirks, K. T. (2003). The state of psychological ownership: Integrating and extending a century of research. *Review of General Psychology, 7*(1), 84−107.

[242] Pine, B. J., Victor, B., & Boynton, A. C. (1993). Making mass customization work. *Harvard Business Review, 71*(5), 108−116.

[243] Pise, R. (2018). Chatbot market size is set to exceed USD 1.34 billion by 2024. *ClickZ* (July 6), https://www.clickz.com/chatbot-market-size-is-set-to-exceed-usd-1-34-billion-by-2024/215518.

[244] Pitesa, M., & Thau, S. (2013). Compliant sinners, obstinate saints: How power and self-focus determine the effectiveness of social influences in ethical decision making. *Academy of Management Journal, 56*(3), 635−658.

[245] Pounders, K., Kowalczyk, C. M., & Stowers, K. (2016). Insight into the motivation of selfie postings: Impression management and self-esteem. *European Journal of Marketing, 50*(9/10), 1879−1892.

[246] Preacher, K. J., & Hayes, A. F. (2004). SPSS and SAS procedures for estimating indirect effects in simple mediation models. *Behavior Research Methods, Instruments, & Computers, 36*, 717−731.

[247] Prentice, C., & Nguyen, M. (2021). Robotic service quality−Scale development and validation. *Journal of Retailing and Consumer Services, 62*, 102661.

[248] Ramirez Jr, A., & Zhang, S. (2007). When online meets offline:

The effect of modality switching on relational communication. *Communication Monographs, 74*(3), 287–310.

[249] Reibstein, D. J., Youngblood, S. A., & Fromkin, H. L. (1975). Number of choices and perceived decision freedom as a determinant of satisfaction and consumer behavior. *Journal of Applied Psychology, 60*(4), 434–437.

[250] Riegelsberger, J., Counts, S., Farnham, S. D., & Philips, B. C. (2006, November). Sounds good to me: Effects of photo and voice profiles on gaming partner choice. In *Proceedings of the 2006 20th Anniversary Conference on Computer Supported Cooperative work* (pp. 159–162).

[251] Robinson, H., MacDonald, B., Kerse, N., & Broadbent, E. (2013). The psychosocial effects of a companion robot: A randomized controlled trial. *Journal of the American Medical Directors Association, 14*(9), 661–667.

[252] Rosenberg, J., & Egbert, N. (2011). Online impression management: Personality traits and concerns for secondary goals as predictors of self-presentation tactics on Facebook. *Journal of Computer-Mediated Communication, 17*(1), 1–18.

[253] Rosso, B. D., Dekas, K. H., & Wrzesniewski, A. (2010). On the meaning of work: A theoretical integration and review. *Research in Organizational Behavior, 30*, 91–127.

[254] Russell, S. J., & Norvig, P. (2016). Artificial intelligence: *A modern approach*. Pearson.

[255] Sadikaj, G., & Moskowitz, D. (2018). I hear but I don't see you: Interacting over phone reduces the accuracy of perceiving affiliation in the other. *Computers in Human Behavior, 89*, 140–147.

[256] Sands, S., Ferraro, C., Campbell, C., & Tsao, H. Y. (2021). Managing the human-chatbot divide: How service scripts influence service experience.

Journal of Service Management, 32(2), 246-264.

[257] Schanke, S., Burtch, G., & Ray, G. (2021). Estimating the impact of "humanizing" customer service chatbots. *Information Systems Research, 32*(3), 736-751.

[258] Schlenker, B. R. (1980). *Impression management* (Vol. 526). Monterey, CA: Brooks/Cole.

[259] Schneider, D. J. (1969). Tactical self-presentation after success and failure. *Journal of Personality and Social Psychology, 13*(3), 262-268.

[260] Schuetzler, R. M., Giboney, J. S., Grimes, G. M., & Nunamaker Jr, J. F. (2018). The influence of conversational agent embodiment and conversational relevance on socially desirable responding. *Decision Support Systems, 114*, 94-102.

[261] Schwarzer, R., & Wicklund, R. (2015). *Anxiety and self-focused attention*. Routledge.

[262] Selwyn, N., Gorard, S., Furlong, J., & Madden, L. (2003). Older adults' use of information and communications technology in everyday life. *Ageing & Society, 23*(5), 561-582.

[263] Sestino, A., & D'Angelo, A. (2023). My doctor is an avatar! The effect of anthropomorphism and emotional receptivity on individuals' intention to use digital-based healthcare services. *Technological Forecasting and Social Change, 191*, 122505.

[264] Shah, A., Abuelsaad, T., Ahn, J. W., Dey, P., Kokku, R., Mittal, R. S., ... & Sharma, M. (2019, August). Content customization for micro learning using human augmented AI techniques. In *Proceedings of the Fourteenth Workshop on Innovative Use of NLP for Building Educational Applications* (pp. 326-335).

[265] Shankar, V. (2018). How artificial intelligence (AI) is reshaping retailing. *Journal of Retailing, 94*(4), vi-xi.

[266] Shariff, A., Bonnefon, J. F., & Rahwan, I. (2017). Psychological roadblocks to the adoption of self-driving vehicles. *Nature Human Behaviour, 1*(10), 694-696.

[267] Shim, M., Lee, M. J., & Park, S. H. (2008). Photograph use on social network sites among South Korean college students: The role of public and private self-consciousness. *CyberPsychology & Behavior, 11*(4), 489-493.

[268] Shim, M., Lee-Won, R. J., & Park, S. H. (2016). The self on the Net: The joint effect of self-construal and public self-consciousness on positive self-presentation in online social networking among South Korean college students. *Computers in Human Behavior, 63*, 530-539.

[269] Siegel, M., Breazeal, C., & Norton, M. I. (2009, October). Persuasive robotics: The influence of robot gender on human behavior. In *2009 IEEE/RSJ International Conference on Intelligent Robots and Systems* (pp. 2563-2568). IEEE.

[270] Silva, S. C., De Cicco, R., Vlačić, B., & Elmashhara, M. G. (2023). Using chatbots in e-retailing–how to mitigate perceived risk and enhance the flow experience. *International Journal of Retail & Distribution Management, 51*(3), 285-305.

[271] Simon, F. (2013). The influence of empathy in complaint handling: Evidence of gratitudinal and transactional routes to loyalty. *Journal of Retailing and Consumer Services, 20*(6), 599-608.

[272] Slovic, P., Fischhoff, B., & Lichtenstein, S. (1981). Perceived risk: Psychological factors and social implications. *Proceedings of the Royal Society of London. A. Mathematical and Physical Sciences, 376*(1764), 17-34.

[273] Song, S. W., & Shin, M. (2024). Uncanny valley effects on chatbot trust, purchase intention, and adoption intention in the context of e-commerce:

The moderating role of avatar familiarity. *International Journal of Human–Computer Interaction, 40*(2), 441–456.

[274] Stenzel, A., Chinellato, E., Bou, M. A. T., Del Pobil, Á. P., Lappe, M., & Liepelt, R. (2012). When humanoid robots become human-like interaction partners: Corepresentation of robotic actions. *Journal of Experimental Psychology: Human Perception and Performance, 38*(5), 1073–1077.

[275] Stock, R. M., & Merkle, M. (2018). Can humanoid service robots perform better than service employees? A comparison of innovative behavior cues. In *Proceedings of the 51st Hawaii International Conference on System Sciences.* (pp. 1056–1065).

[276] Stone, P., Brooks, R., Brynjolfsson, E., Calo, R., Etzioni, O., Hager, G., ... & Teller, A. (2022). Artificial intelligence and life in 2030: The one hundred year study on artificial intelligence. *arXiv preprint arXiv*:2211.06318.

[277] Sundar, A., Dinsmore, J. B., Paik, S. H. W., & Kardes, F. R. (2017). Metaphorical communication, self-presentation, and consumer inference in service encounters. *Journal of Business Research, 72*, 136–146.

[278] Sundar, S. S. (2020). Rise of machine agency: A framework for studying the psychology of human–AI interaction (HAII). *Journal of Computer-Mediated Communication, 25*(1), 74–88.

[279] Syam, N., & Sharma, A. (2018). Waiting for a sales renaissance in the fourth industrial revolution: Machine learning and artificial intelligence in sales research and practice. *Industrial Marketing Management, 69*, 135–146.

[280] Tajfel, H. (1974). Social identity and intergroup behaviour. *Social Science Information, 13*(2), 65–93.

[281] Takano, K., Iijima, Y., & Tanno, Y. (2012). Repetitive thought and self-reported sleep disturbance. *Behavior Therapy, 43*(4), 779–789.

[282] Taylor, M. E., & Stone, P. (2007, June). Cross-domain transfer for

reinforcement learning. In *Proceedings of the 24th International Conference on Machine Learning* (pp. 879–886).

[283] Teng, C. I. (2010). Customization, immersion satisfaction, and online gamer loyalty. *Computers in Human Behavior, 26*(6), 1547–1554.

[284] Thompson, D. V., & Hamilton, R. W. (2006). The effects of information processing mode on consumers' responses to comparative advertising. *Journal of Consumer Research, 32*(4), 530–540.

[285] Tice, D. M., Butler, J. L., Muraven, M. B., & Stillwell, A. M. (1995). When modesty prevails: Differential favorability of self-presentation to friends and strangers. *Journal of Personality and Social Psychology, 69*(6), 1120–1138.

[286] Tlili, A., Shehata, B., Adarkwah, M. A., Bozkurt, A., Hickey, D. T., Huang, R., & Agyemang, B. (2023). What if the devil is my guardian angel: ChatGPT as a case study of using chatbots in education. *Smart Learning Environments, 10*(1), 15.

[287] Torous, J., Bucci, S., Bell, I. H., Kessing, L. V., Faurholt-Jepsen, M., Whelan, P., ... & Firth, J. (2021). The growing field of digital psychiatry: current evidence and the future of apps, social media, chatbots, and virtual reality. *World Psychiatry, 20*(3), 318–335.

[288] Trappey, A. J., Trappey, C. V., Chao, M. H., & Wu, C. T. (2022). VR-enabled engineering consultation chatbot for integrated and intelligent manufacturing services. *Journal of Industrial Information Integration, 26*, 100331.

[289] Trippi, R. R., & Turban, E. (Eds.). (1992). *Neural networks in finance and investing: Using artificial intelligence to improve real world performance*. McGraw-Hill, Inc..

[290] Trope, Y., Liberman, N., & Wakslak, C. (2007). Construal levels and psychological distance: Effects on representation, prediction, evaluation,

and behavior. *Journal of Consumer Psychology, 17*(2), 83-95.

［291］Trope, Y., & Liberman, N. (2010). Construal-level theory of psychological distance. *Psychological Review, 117*(2), 440-463.

［292］Tsai, C. I., & McGill, A. L. (2011). No pain, no gain? How fluency and construal level affect consumer confidence. *Journal of Consumer Research, 37*(5), 807-821.

［293］Tsai, T. H., Chang, H. T., Chang, Y. C., & Chang, Y. S. (2017). Personality disclosure on social network sites: An empirical examination of differences in Facebook usage behavior, profile contents and privacy settings. *Computers in Human Behavior, 76*, 469-482.

［294］Tsai, W. H. S., Lun, D., Carcioppolo, N., & Chuan, C. H. (2021). Human versus chatbot: Understanding the role of emotion in health marketing communication for vaccines. *Psychology & Marketing, 38*(12), 2377-2392.

［295］Tyler, J. M., Kearns, P. O., & McIntyre, M. M. (2016). Effects of self-monitoring on processing of self-presentation information. *Social Psychology, 47*(3), 174-178.

［296］Vallacher, R. R., & Wegner, D. M. (1989). Levels of personal agency: Individual variation in action identification. *Journal of Personality and Social Psychology, 57*(4), 660-671.

［297］Valenzuela, A., Dhar, R., & Zettelmeyer, F. (2009). Contingent response to self-customization procedures: Implications for decision satisfaction and choice. *Journal of Marketing Research, 46*(6), 754-763.

［298］Valkenburg, P. M., Schouten, A. P., & Peter, J. (2005). Adolescents' identity experiments on the Internet. *New Media & Society, 7*(3), 383-402.

［299］Van Doorn, J., Mende, M., Noble, S. M., Hulland, J., Ostrom, A. L., Grewal, D., & Petersen, J. A. (2017). Domo arigato Mr. Roboto: Emergence of automated social presence in organizational frontlines and customers' service experiences. *Journal of Service Research, 20*(1), 43−58.

[300] Van Pinxteren, M. M., Wetzels, R. W., Rüger, J., Pluymaekers, M., & Wetzels, M. (2019). Trust in humanoid robots: Implications for services marketing. *Journal of Services Marketing, 33*(4), 507−518.

[301] Vasalou, A., & Joinson, A. N. (2009). Me, myself and I: The role of interactional context on self-presentation through avatars. *Computers in Human Behavior, 25*(2), 510−520.

[302] Vasalou, A., Joinson, A. N., & Pitt, J. (2007, April). Constructing my online self: Avatars that increase self-focused attention. In *Proceedings of the SIGCHI Conference on Human Factors in Computing Systems* (pp. 445−448).

[303] Venkatesh, V., & Morris, M. G. (2000). Why don't men ever stop to ask for directions? Gender, social influence, and their role in technology acceptance and usage behavior. *MIS Quarterly, 24*(1), 115−139.

[304] Venkatesh, V., Morris, M. G., Davis, G. B., & Davis, F. D. (2003). User acceptance of information technology: Toward a unified view. *MIS Quarterly, 27*(3), 425−478.

[305] Vessey, I. (1991). Cognitive fit: A theory-based analysis of the graphs versus tables literature. *Decision Sciences, 22*(2), 219−240.

[306] Van den Broeck, E., Zarouali, B., & Poels, K. (2019). Chatbot advertising effectiveness: When does the message get through?. *Computers in Human Behavior, 98,* 150−157.

[307] Wakslak, C. J., & Trope, Y. (2009). Cognitive consequences of affirming the self: The relationship between self-affirmation and object construal. *Journal of Experimental Social Psychology, 45*(4), 927−932.

[308] Walther, J. B., Van Der Heide, B., Kim, S. Y., Westerman, D., & Tong, S. T. (2008). The role of friends' appearance and behavior on evaluations

of individuals on Facebook: Are we known by the company we keep?. *Human Communication Research, 34*(1), 28–49.

[309] Wang, S., Lilienfeld, S. O., & Rochat, P. (2015). The uncanny valley: Existence and explanations. *Review of General Psychology, 19*(4), 393–407.

[310] Wang, W. (2017). Smartphones as social actors? Social dispositional factors in assessing anthropomorphism. *Computers in Human Behavior, 68*, 334–344.

[311] Ward, A. F., Olsen, A. S., & Wegner, D. M. (2013). The harm-made mind: Observing victimization augments attribution of minds to vegetative patients, robots, and the dead. *Psychological Science, 24*(8), 1437–1445.

[312] Weiss, K., Khoshgoftaar, T. M., & Wang, D. (2016). A survey of transfer learning. *Journal of Big Data, 3*(1), 1–40.

[313] Weisz, E., & Cikara, M. (2021). Strategic regulation of empathy. *Trends in Cognitive Sciences, 25*(3), 213–227.

[314] Westerman, D., Spence, P. R., & Van Der Heide, B. (2012). A social network as information: The effect of system generated reports of connectedness on credibility on Twitter. *Computers in Human Behavior, 28*(1), 199–206.

[315] Whang, J. B., Song, J. H., Lee, J. H., & Choi, B. (2022). Interacting with Chatbots: Message type and consumers' control. *Journal of Business Research, 153*, 309–318.

[316] White, K., MacDonnell, R., & Dahl, D. W. (2011). It's the mind-set that matters: The role of construal level and message framing in influencing consumer efficacy and conservation behaviors. *Journal of Marketing Research, 48*(3), 472–485.

[317] Wijayati, D. T., Rahman, Z., Rahman, M. F. W., Arifah, I. D. C., & Kautsar, A. (2022). A study of artificial intelligence on employee performance

and work engagement: The moderating role of change leadership. *International Journal of Manpower, 43*(2), 486−512.

[318] Williams, S. J., & Bendelow, G. (1998). *The lived body: Sociological themes, embodied issues*. Psychology Press.

[319] Wind, J., & Rangaswamy, A. (2001). Customerization: The next revolution in mass customization. *Journal of Interactive Marketing, 15*(1), 13−32.

[320] Wirtz, J., & Zeithaml, V. (2018). Cost-effective service excellence. *Journal of the Academy of Marketing Science, 46*, 59−80.

[321] Wolfinbarger, M., & Gilly, M. C. (2003). eTailQ: Dimensionalizing, measuring and predicting etail quality. *Journal of Retailing, 79*(3), 183−198.

[322] Woltin, K.-A., Corneille, O., Yzerbyt, V. Y., & Forster, J. (2011). Narrowing down to open up for other people's concerns: Empathic concern can be enhanced by inducing detailed processing. *Journal of Experimental Social Psychology, 47*(2), 418−424.

[323] Yang, X., Ringberg, T., Mao, H., & Peracchio, L. A. (2011). The construal (in) compatibility effect: The moderating role of a creative mind-set. *Journal of Consumer Research, 38*(4), 681−696.

[324] Yen, C., & Chiang, M.-C. (2021). Trust me, if you can: A study on the factors that influence consumers' purchase intention triggered by chatbots based on brain image evidence and self-reported assessments. *Behaviour & Information Technology, 40*(11), 1177−1194.

[325] Yeomans, M., Shah, A., Mullainathan, S., & Kleinberg, J. (2019). Making sense of recommendations. *Journal of Behavioral Decision Making, 32*(4), 403−414.

[326] Yin, J., Wang, Y., Pang, J., & Wang, K. (2020). Customizing products for self versus close others: The effect of intended recipient on creator perceptions of product uniqueness. *Marketing Letters, 31*, 73−87.

[327] Yoo, J., & Park, M. (2016). The effects of e-mass customization on consumer

perceived value, satisfaction, and loyalty toward luxury brands. *Journal of Business Research, 69*(12), 5775-5784.

[328] Zarouali, B., Van den Broeck, E., Walrave, M., & Poels, K. (2018). Predicting consumer responses to a chatbot on Facebook. *Cyberpsychology, Behavior, and Social Networking, 21*(8), 491-497.

[329] Zeithaml, V. A. (2000). Service quality, profitability, and the economic worth of customers: What we know and what we need to learn. *Journal of the Academy of Marketing Science, 28*, 67-85.

[330] Zeithaml, V. A., Parasuraman, A., & Malhotra, A. (2002). Service quality delivery through web sites: A critical review of extant knowledge. *Journal of the Academy of Marketing Science, 30*(4), 362-375.

[331] Zeithaml, V. A., Bitner, M. J., & Gremler, D. D. (2018). *Services marketing: Integrating customer focus across the firm.* McGraw-Hill.

[332] Zhang, J., Oh, Y. J., Lange, P., Yu, Z., & Fukuoka, Y. (2020). Artificial intelligence chatbot behavior change model for designing artificial intelligence chatbots to promote physical activity and a healthy diet. *Journal of Medical Internet Research, 22*(9), e22845.

[333] Zhang, M., Guo, H., Huo, B., Zhao, X., & Huang, J. (2019). Linking supply chain quality integration with mass customization and product modularity. *International Journal of Production Economics, 207*, 227-235.

[334] Zhou, Q., Li, B., Han, L., & Jou, M. (2023). Talking to a bot or a wall? How chatbots vs. human agents affect anticipated communication quality. *Computers in Human Behavior, 143*, 107674.

[335] Zhou, Y., Fei, Z., He, Y., & Yang, Z. (2022). How human–chatbot interaction impairs charitable giving: The role of moral judgment. *Journal of Business Ethics, 178*(3), 849-865.

[336] Zhu, D. H., & Deng, Z. Z. (2021). Effect of social anxiety on the adoption of robotic training partner. *Cyberpsychology, Behavior, and Social*

Networking, 24(5), 343-348.

[337] 寇小萱, 卜祥峰（2021）.在线定制旅游产品创新对消费者购买意愿的影响——基于感知风险的视角［J］.中北大学学报（社会科学版）(37)：65-71.

[338] 李丹丹（2021）.人工智能商业环境下消费者信任研究综述［J］.中国市场（11）：119-120.

[339] 李开云, 王思杰, 杨蕙菁, 毕艳, 张文君, 林丰勋（2020）."己之所欲"还是"成人之美"？解释水平视角下个体赠送-接受礼物的偏好不对称性［J］.心理与行为研究（1）：136-144.

[340] 李雁晨, 周庭锐, 周琇（2009）.解释水平理论：从时间距离到心理距离［J］.心理科学进展（4）：667-677.

[341] 林敬梓（2018）.社交网络中消费者自我呈现对网络口碑传播的影响机理研究［D］.山东师范大学：1-81.

[342] 刘红艳（2014）.网络口碑效应因人而异？——个体独特性需求在网络口碑影响消费决策中的作用［J］.商业研究（2）：97-104.

[343] 乔均, 史慧慧（2020）.品牌拟人化对消费者购买意愿的影响研究——基于心理距离和信息处理流畅性双重视角［J］.南京财经大学学报（5）：48-55.

[344] 王井云（2011）.自我意识对惧怕否定评价的影响［J］.中国健康心理学杂志（10）：1264-1265.

[345] 谢晨岚, 叶一舵, 张志聪（2020）.时间距离与解释水平对捐赠参与意愿及可能性的影响［J］.心理研究（2）：162-167.

[346] 徐作浩（2021）.人工智能时代下企业财务会计改革探析［J］.财会学习（12）：87-88.

[347] 姚琦, Mao Huifang, 符国群（2017）.品牌图解对消费者品牌延伸评价的影响——信息处理流畅性视角［J］.大连理工大学学报（社会科学版）（2）：8-14.

[348] 英敏特.（2020）.2030全球食品与饮料趋势 https://china.mintel.com/

quanqiu-shipin-yinliao-qushi-2030.

［349］张凌云（2012）.智慧旅游：个性化定制和智能化公共服务时代的来临［J］.旅游学刊（2）：3-5.

［350］祝帼豪，张积家，陈俊（2012）.解释水平理论视角下的心理距离［J］.社会心理科学（7）：6-11.

［351］朱振中，程钧谟，刘福（2017）.消费者独特性需求研究：回顾与展望［J］.华东经济管理（11）：151-158.

后 记

  2023年初春,笔者抛下学业和生活的压力,回到了久违的乡下,寻一处闲暇僻静之地,从自我审视的角度出发,以现实案例为引,著一本思考人工智能的书。

  笔者在这本书的准备和撰写过程中,时常望着桌前生长的蝴蝶兰,思考着自己的"诗和远方"。那么,关于人工智能的"诗和远方"在哪里?这或许很难回答。但本书或许可以给读者带来一些思考或想法。人工智能发展下的一系列产物——在社交媒体上智能对话的聊天机器人,或是在电商平台上秒级响应的客服机器人——不断迭代,逐步释放新的动能,赋能生产与生活。

  人工智能在时代的浪潮下尽显其功能张力,那些以往活跃在科幻电影中的角色也在逐渐转变为现实存在,不断地改变人们的日常生活、工作方式和社会互动。人工智能不再仅是未来科幻的研究领地,同时也是医疗、教育、商业、媒体等领域的关键战略要素,成为许多组织和企业商业竞争中重要的组成部分。人工智能目前应用在商业领域较为广泛的是智能客服。这些人工智能客服的使用会给消费者带来什么感受?它们会如何设计和重构自身的角色?消费者面对不同的沟通主体的态度和行为又是如何表现的?可谓"水陆草木之花,可爱者甚蕃",不同的消费者有不同的感受,争议和思考方兴未艾。但笔者认为,随着人工智能技术的不断成熟，消费者面对和使用人工智能时，或许都会像小王子一样，找到独属于己的那朵玫瑰。

那么，现在来谈谈当下炙手可热的ChatGPT，笔者见证了ChatGPT的兴起和发展，感受了ChatGPT的底层模型从GPT 3.5发展至GPT 4.0，由语言模型发展为智能交互伙伴的全过程。英国剑桥大学的著名物理学家霍金教授指出："Success in creating AI would be the biggest event in human history. Unfortunately, it might also be the last, unless we learn how to avoid the risks." 人工智能在尽显十八般武艺的同时，或许你我有时可以驻足思考：人工智能给人类社会带来了什么？它将何去何从？它对伦理和隐私问题的影响如何？此外，如何确保人工智能的使用是公平和负责任的，如何处理人工智能在工作场所和社会中可能引发的挑战，这些都是需要认真对待的问题。

人工智能的未来是充满希望的，但也伴随着不确定性，需要研究者不断探索、研究和引导其发展，以确保它为人类社会带来积极的变革。只有在理解潜在风险的同时，我们才能更好地利用人工智能的潜力，为未来创造更美好的世界。这是我们共同的责任和挑战，也是对未来的承诺。

行笔至此，书桌前的蝴蝶兰依旧盛开，接下来会发生什么呢？不妨，向ChatGPT请教一下，看看它作为人工智能的产物，对自身的未来有何见解！

图书在版编目(CIP)数据

AI 定制:人工智能客服与消费者的定制化互动机制/周琪著.—上海:复旦大学出版社,2024.9
(人工智媒传播丛书)
ISBN 978-7-309-17463-2

Ⅰ.①A… Ⅱ.①周… Ⅲ.①人工智能-应用-商业服务-研究 Ⅳ.①F719.0-39

中国国家版本馆 CIP 数据核字(2024)第 094883 号

AI 定制:人工智能客服与消费者的定制化互动机制
AI DINGZHI:RENGONG ZHINENG KEFU YU XIAOFEIZHE DE DINGZHIHUA HUDONG JIZHI
周 琪 著
责任编辑/张 鑫

复旦大学出版社有限公司出版发行
上海市国权路 579 号 邮编:200433
网址:fupnet@fudanpress.com http://www.fudanpress.com
门市零售:86-21-65102580 团体订购:86-21-65104505
出版部电话:86-21-65642845
上海四维数字图文有限公司

开本 890 毫米×1240 毫米 1/32 印张 7.125 字数 159 千字
2024 年 9 月第 1 版
2024 年 9 月第 1 版第 1 次印刷

ISBN 978-7-309-17463-2/F・3050
定价:42.00 元

如有印装质量问题,请向复旦大学出版社有限公司出版部调换。
版权所有 侵权必究